FENÊTRE SUR CRIME

Du même auteur
dans la même collection

LES DOSSIERS DE SCOTLAND YARD

Déjà parus :

Meurtre au British Museum
Le Secret des MacGordon
Crime à Lindenbourne
L'Assassin de la Tour de Londres
Les Trois Crimes de Noël
Meurtre à Cambridge
Meurtre chez les druides
Meurtre à quatre mains
Le Mystère de Kensington
Qui a tué Sir Charles ?
Meurtres au Touquet
Le Retour de Jack l'Éventreur
Higgins mène l'enquête
Meurtre chez un éditeur
Meurtre dans le Vieux-Nice
Quatre Femmes pour un meurtre
Le Secret de la chambre noire
Meurtre sur invitation
Noces mortelles à Aix-en-Provence
Les Disparus du Loch Ness
L'Assassinat du roi Arthur
Crime au festival de Cannes
Balle mortelle à Wimbledon
L'Horloger de Buckingham
Qui a tué l'astrologue ?
La Jeune Fille et la Mort
La Malédiction du templier
Crime printanier
Timbre mortel
Meurtre dans la City
Higgins contre Scotland Yard
Le Crime d'Ivanohé
Un parfait témoin
Meurtre sur canapé
L'Assassin du golf
Mourir pour la couronne
Le Cercle des assassins
Meurtre à Canterbury

J. B. LIVINGSTONE

FENÊTRE SUR CRIME

Le Grand Livre du Mois

ISBN 2 268 0247 92

La vraie faute est celle qu'on ne corrige pas.

Confucius

CHAPITRE I

Mary était furieuse.

La gouvernante du domaine de l'ex-inspecteur-chef Higgins sis à The Slaughterers, une petite localité champêtre du Gloucestershire, loin du monde et du bruit, ne décolérait plus. À soixante-dix ans, toujours bon pied bon œil, ignorant jusqu'à la notion même de rhumatisme et de douleur, Mary avait vécu sans sourciller deux guerres mondiales, une quantité incalculable de scandales politiques, les drames abominables de la famille royale, les défaites de l'équipe anglaise de rugby, les pluies d'été et les brouillards des quatre saisons.

Mais cette fois, c'en était trop ! Mary ne parvenait même plus à se concentrer sur ses casseroles en étain, sur sa théière en argent, sur ses tasses en porcelaine et sur ses assiettes octogonales au rebord dentelé. Même son domaine privé, une superbe cuisine où, contre l'avis de Higgins, elle avait introduit le téléphone, ne la rassérénait plus ; même la lecture du *Sun*, son journal préféré, rempli de crimes abominables, ne la distrayait plus.

Dès que l'ex-inspecteur-chef Higgins rentrerait de sa promenade matinale, elle interviendrait avec vigueur et ne se contenterait pas de réponses vagues.

Où était-il encore, sinon au cœur de cette forêt, à discuter avec un vieux sanglier solitaire auquel il apportait du ragoût de carottes que le retraité du Yard préparait lui-même, croyant que Mary ne s'en apercevrait pas ? Était-il bien normal et honnête que le meilleur « nez » de Scotland Yard s'aventurât ainsi dans des lieux sauvages, tel un bandit de grand chemin ?

Et puis il y avait ces lettres de sa grande amie de Pézénas, donc une Française habitant le Sud-Ouest ! Cette mystérieuse correspondante semblait être une professeur de français passionnée par la nature. Comme Mary déchiffrait mal le français, Higgins avait accepté de lui lire un passage d'une missive de sa correspondante qu'il jugeait remarquable :

« Et le magnolia a fleuri. Un matin, il balançait, au creux d'un bouquet de feuilles, offert à l'extrémité d'une branche, une éclatante coupe à demi ouverte, nacrée, transparente, velours et satin, chair suave et soyeuse, à l'odeur de citron, dans l'éclat du soleil.

« Le vase de parfum des contes orientaux, habité d'une forêt d'étamines cramoisies, d'abeilles ivres de papillons.

« Le crépuscule ajoutait à leur beauté. Dans l'ombre envahissante, et le jardin endormi, les fleurs, absorbant la clarté de la lune, devenaient de mystérieuses lampes nacrées, flottant dans l'obscurité. »

À première vue, rien d'inquiétant, mais ne s'agissait-il pas d'un code ? Mais même ce mystère-là, que Mary réussirait à percer un jour ou l'autre, ne parvenait pas à dissiper sa fureur.

Un superbe siamois aux yeux bleus se frotta contre les jambes de Mary.

Trafalgar, le complice de l'ex-inspecteur-chef.

Le félin venait de digérer son petit déjeuner en sommeillant au coin du feu, et il commençait, à onze heures du matin, à se soucier du déjeuner qu'il aimait copieux et de qualité. Mary poussa un soupir, mais comment résister à ce regard où l'intelligence se mêlait à la convoitise ? La gouvernante accorda à Trafalgar un léger en-cas, composé d'un hareng aux fines herbes et de quelques morceaux de bœuf en sauce. Jamais Higgins ne serait informé de cette entorse au régime de Trafalgar.

Enfin, l'ex-inspecteur-chef sortit de la forêt et traversa le petit pont de bois qu'enjambait la minuscule rivière Eye. Comme d'habitude, il contempla sa vieille demeure familiale au toit d'ardoise, aux murs de pierre blanche, aux fenêtres XVIIIe à petits carreaux rythmant deux étages disposés selon le Nombre d'Or, aux hautes cheminées de pierre, et au porche soutenu par deux colonnes. Des chênes centenaires, puissants et rassurants, environnaient ce fleuron architectural. Protégé du froid et de l'humidité par un confortable trench-coat aux boutons de bois, l'ex-inspecteur-chef était plutôt trapu, de taille moyenne, avait les cheveux noirs, la lèvre supérieure ornée d'une moustache poivre et sel taillée et lissée à la perfection, les tempes grisonnantes, l'œil vif et parfois malicieux. Né sous le signe du chat, selon l'astrologie orientale, il ne perdait jamais son calme et gardait sa ligne de conduite où des valeurs périmées, telles l'amitié, la rectitude ou la loyauté, occupaient le premier rang.

Quand il rentrait chez lui, l'ex-inspecteur-chef éprouvait à chaque fois le même plaisir ; entretenir le feu dans la grande cheminée du salon et relire les bons auteurs tout en discutant avec Trafalgar étaient des joies sans pareilles.

Higgins avait quitté Scotland Yard parce qu'il était en désaccord avec le *Commissionner Chief Constable* qui exigeait une compromission inacceptable. Bien qu'il fût promis à de hautes destinées administratives, l'ex-inspecteur-chef n'avait pas transigé, et préférait s'occuper de sa roseraie et de sa pelouse.

— Enfin, vous voilà ! s'exclama Mary, les mains sur les hanches.

— Je n'ai pas le sentiment d'être en retard.

— Il ne s'agit pas de ça, mais de ce que vous m'avez annoncé avant de partir en promenade ! C'est inacceptable.

— L'événement est singulier, je le reconnais, mais nous devons l'affronter avec courage.

— Hors de question ! Que vos collègues, comme le superintendant Marlow et le légiste Babkocks aient franchi le seuil de cette demeure, passe encore ; mais qu'un inconnu qui est peut-être un criminel bénéficie de cette faveur, c'est inacceptable !

Higgins songeait au repas qu'il devait préparer pour Trafalgar : filet de sole, épinards, branches de blettes à la sauce blanche, parmesan. Mais il fallait d'abord écarter l'obstacle formé par Mary.

— La lettre de ce monsieur est tout à fait raisonnable, rappela Higgins ; il sollicite simplement un rendez-vous à propos d'une affaire grave sur laquelle il aimerait obtenir mon avis.

— Imaginez-vous *notre* existence si n'importe qui peut violer *votre* intimité ?

— N'exagérons rien, Mary ; il s'agit d'un entretien, rien de plus.

— Avez-vous au moins pris des renseignements sur ce quidam ?

— Je ne suis plus au Yard.

— Sachez que je désapprouve formellement votre décision.

— Je comprends vos réserves morales, Mary, mais admettez que je ne compromets pas notre harmonie quotidienne en accordant quelques minutes de conversation à un homme inquiet. Plus vite cette petite affaire sera résolue, plus vite nous retrouverons notre tranquillité.

— Ne comptez pas sur moi pour vous préparer un repas.

— Je ne vous en demande pas tant, Mary.

— Recevez-le dans le petit salon.

— Telle était bien mon intention.

La cloche de la porte d'entrée fit entendre ses notes aigrelettes.

— Notre visiteur n'est pas en retard, nota l'ex-inspecteur-chef ; c'est déjà une qualité.

— Vous devriez vous méfier ! Moi, je m'occupe de nourrir *votre* chat.

— Je vous en sais gré, Mary.

— Allez ouvrir vous-même.

Higgins consentit à ce modeste sacrifice.

Au portail se trouvait un sexagénaire plutôt terne, vêtu d'un costume noir à rayures, d'une coupe parfaite. La longueur des manches avait été calculée pour laisser légèrement apparentes celles de la chemise sur mesure, nulle épaulette rehaussée ne venait déparer un vêtement épousant le corps. Le visage était gris, le regard éteint.

— Inspecteur Higgins ? Je suis Steven Mac Doughany.

— Je vous attendais.

CHAPITRE II

Le ciel se chargeait de gros nuages noirs. Dans moins d'une heure, une averse décorerait les feuilles de chêne de perles de pluie.

— Voulez-vous me suivre, monsieur Mac Doughany ?

— Pardonnez-moi de vous importuner ainsi... Mais vous êtes mon ultime recours.

— N'ayez pas trop d'espoir, je ne suis qu'un inspecteur à la retraite.

— Votre réputation va à l'encontre de votre modestie, monsieur Higgins ; comme je vous le disais dans ma lettre, vous êtes mon dernier espoir. Quoi qu'il advienne, je vous suis très reconnaissant de me recevoir. À Scotland Yard, on m'a affirmé que vous ne traitiez aucune affaire privée.

— C'est exact, et je n'ai pas l'intention de modifier mon attitude. Mon rôle se résumera à vous donner un conseil, si c'est possible.

Steven Mac Doughany marchait d'une manière mécanique, comme s'il traversait un salon pour se rendre auprès d'un officiel afin d'y recevoir une décoration.

Higgins reçut son visiteur dans le petit salon du rez-de-chaussée, décoré de quelques souvenirs d'Orient, un paravent japonais du XVIIIe siècle, un canapé « retour des Indes », un buffet laqué de Cathay sur lequel trônait un bouddha souriant et un fauteuil en bois d'ébène aux accoudoirs taillés en forme de caractères chinois, dont la signification était « la voie et la vertu ».

— Asseyez-vous, je vous en prie, monsieur Mac Doughany.

— Je vous suis vraiment très reconnaissant ; on prétend que vous vous êtes retiré du monde et que vous ne recevez personne.

— Ma roseraie et les bons auteurs prennent presque tout mon temps. Vous êtes haut fonctionnaire, n'est-ce pas ?

— Oui... mais comment le savez-vous ?

Higgins eut un bon sourire.

— Le service de l'administration a imprégné votre personnalité.

— Ah... Tant mieux. J'en suis plutôt fier, inspecteur ; à notre époque, la plupart des gens ne songent qu'à leurs avantages, mais moi j'ai toujours songé au bien-être collectif. Lorsque l'administration fait bien son travail, le pays se porte à merveille.

— Dans quelle branche travaillez-vous ?

— Je viens de prendre ma retraite après toute une carrière au service des canaux dont j'étais devenu le sous-directeur. J'aurais aimé continuer à travailler, mais la loi est la loi.

— Un travail qui impliquait des déplacements fréquents, je suppose.

— Au début, oui ; mais ces dernières années, je m'occupais surtout de gestion. Les canaux peuvent être rentables, à condition d'être correctement entretenus, et il faut une vigilance de tous les instants. Le laxisme s'introduit partout et la paresse ne cesse d'étendre son empire. Les fonctionnaires de la vieille école, comme moi, sont en voie de disparition.

Higgins s'approcha de la souche d'un chêne, dans laquelle il avait aménagé un bar.

— Appréciez-vous le champagne, monsieur Mac Doughany ?

— C'est l'un de mes péchés mignons, inspecteur.

— Je vais vous faire goûter à une merveille.

Higgins offrit à son hôte un brut André Beaufort, élaboré par Jacques Beaufort, à Ambonnay.

— Admirable, estima le haut fonctionnaire.

— Ni désherbant ni pesticide, précisa Higgins ; les pieds de vigne sont soignés à l'homéopathie, et nulle chimie ne vient contrarier l'œuvre de la nature.

— Une belle œuvre qui doit nécessiter de rudes efforts... Mais quel résultat ! Voilà ce qui nous manque le plus, aujourd'hui : l'ambition et l'effort.

Même assis, Steven Mac Doughany ne se décontractait pas. Il demeurait raide et compassé, comme s'il s'apprêtait à recevoir un subordonné pour lui donner des consignes.

— Si vous me précisiez le motif de cette visite ? suggéra Higgins.

Le haut fonctionnaire posa son verre avec lenteur et regarda l'extrémité de ses chaussures.

— Je ne sais comment débuter, inspecteur, car je crains que vous me preniez pour un fou... Pourtant, je vous assure que je dispose d'excellents états de service et que mes collègues m'ont toujours considéré comme un homme pondéré et raisonnable.

— Rassurez-vous, monsieur Mac Doughany ; c'est l'impression que vous donnez.

— Mon histoire risque néanmoins de vous surprendre et de vous amener à une conclusion inverse...

Acceptez-vous de m'écouter jusqu'au bout ?

Le regard du haut fonctionnaire était angoissé.

— Commencez, voulez-vous ? suggéra Higgins.

Les yeux gris de Steven Mac Doughany s'animèrent d'une lueur d'espoir.

— Je dois d'abord vous parler de mes parents. L'un et l'autre possédaient une grosse fortune, vivaient de leurs revenus fonciers et habitaient au château de Treadstone où nous fûmes élevés, ma sœur Victoria et moi. Une enfance et une adolescence très heureuses, je puis vous l'assurer, même si notre éducation était très stricte. La moindre impolitesse était sévèrement réprimée, on ne badinait pas sur l'exactitude à l'heure des repas, et l'on insistait davantage sur l'étude et les valeurs que sur les distractions.

— Vous êtes-vous révolté ?

— Non... Mes parents avaient une trop forte personnalité, et j'appréciais cette éducation-là. Elle m'a permis d'entrer à Oxford très jeune, d'y faire d'excellentes études et d'obtenir, dans l'administration, un poste qui me comblait. Elle m'a aussi permis de faire face à un drame terrible : la mort prématurée de ma mère, à la suite d'un cancer foudroyant ; mon père ne lui a survécu que cinq mois, victime d'une dépression. J'avais vingt-cinq ans, ma sœur vingt et un. J'ai eu envie de tout abandonner, de vendre le château et de m'installer à Londres avec Victoria, pour oublier ces années de bonheur à jamais enfuies... Mais ma sœur s'est élevée contre cet abandon. Elle m'a insufflé l'énergie nécessaire pour préserver notre patrimoine, en sachant nous entourer de l'affection de quelques amis. Pendant que je remplissais mes fonctions officielles, ma sœur est devenue une véritable châtelaine, respectée et admirée. Pourtant, croyez-moi, sa tâche n'était pas facile, et rien ne l'y avait préparée ; sans rien perdre de sa grâce et de sa féminité, elle s'est montrée aussi efficace que ma mère, et le château de Treadstone a continué à vivre comme par le passé. Un si beau passé, inspecteur... J'aime l'histoire de notre pays, et je suis fier que notre modeste propriété lui appartienne.

La voix de Steven Mac Doughany se brisa.

— Le château de Treadstone... Comme je l'ai aimé et comme je le hais !

— Pourquoi ce revirement ?

— À cause d'une fenêtre, inspecteur.

Des larmes perlèrent aux yeux du haut fonctionnaire.

— Il y a vingt-huit ans, inspecteur, Victoria s'est jetée du haut de la fenêtre du donjon de Treadstone.

— Accident ou suicide ?

— Pendant vingt-huit ans, je me suis posé cette question.

— La vérité n'aurait-elle pas été établie ?

— En raison de la personnalité de ma sœur, le suicide semblait exclu, et l'on a conclu à un horrible accident. Après vingt-huit ans de réflexion, je suis persuadé que Victoria a été assassinée.

CHAPITRE III

Higgins se leva, resservit une coupe de champagne et se rassit après avoir sorti de sa poche un carnet noir et un crayon taillé avec soin. De son écriture fine et rapide, il prit quelques notes.

— Sur quoi se fonde votre certitude, monsieur Mac Doughany, après une si longue période ?

— Je dois être tout à fait sincère, inspecteur : je n'ai aucune preuve à vous fournir. Pourtant, après mûre réflexion, après tant de nuits blanches, je suis certain que quelqu'un a tué ma sœur.

— N'est-ce pas un peu... insuffisant ?

— Si, bien sûr, et j'en suis tout à fait conscient. Cela vous paraîtra peut-être invraisemblable, mais il m'a fallu plus de dix ans pour admettre que Victoria était morte. Ensuite, j'ai vécu dans son souvenir, comme tétanisé. J'étais incapable de réfléchir, de reconsidérer ce décès, d'oser m'interroger sur ses causes réelles. Vingt-huit ans, c'est insensé, je l'admets, c'est presque ridicule... Mais je suis ainsi fait, inspecteur, plus lent qu'une tortue très lente. Ce fut comme une illumination : Victoria a été assassinée.

Un long silence succéda à cette déclaration.

— Vous me prenez pour un fou, inspecteur ?

— Vous ne me donnez pas beaucoup d'éléments raisonnables.

— Je ne peux quand même pas accuser quelqu'un !

— Pourtant, si votre théorie est exacte, il existe bien un assassin.

Cette évidence parut surprendre Mac Doughany.

— Un assassin... Oui, bien sûr...

— Comment le drame s'est-il déroulé ?

— Je l'ignore.

— Vous ne vous trouviez pas au château lors de la mort de votre sœur ?

— Je traitais un dossier sur la remise en état d'un canal, à l'est de Birmingham. Comme chaque jour de la semaine, j'avais quitté le château à six heures trente pour être à mon bureau vers huit heures.

— Aviez-vous de nombreux rendez-vous ?

— Les entretiens habituels avec mes principaux collaborateurs, mais pas de visiteur extérieur ce jour-là.

— Pourriez-vous me donner leurs noms ?

— John Voss et Henry Abkin ; ils sont à la retraite, je suppose.

— Avez-vous gardé un contact avec eux ?

— Aucun, inspecteur ; nos relations étaient strictement professionnelles et le sont demeurées tout au long de notre collaboration.

— Vous avez omis un détail important, souligna Higgins : la date de ce tragique événement.

— C'était un 7 novembre, il pleuvait.

— Soyez plus précis, monsieur Mac Doughany : à quelle heure votre sœur a-t-elle quitté ce monde ?

— Je l'ignore, inspecteur.

— Était-elle seule au château ?

— C'était le jour de congé des domestiques, en effet.

— Ne devait-elle pas recevoir l'une de ses relations ?

— Pas à ma connaissance.

— Qui a découvert le corps ?

— Raphaëla Kusdick, la meilleure amie de Victoria. Elle venait, comme souvent, prendre le thé au château. Elle a aussitôt appelé le *constable*, qui a lui-même alerté le *coroner*. D'après la position du corps, ils ont supposé que Victoria était tombée de la plus haute fenêtre du château, plus exactement une porte-fenêtre qu'elle était en train de repeindre. À l'endroit incriminé, ils ont trouvé les preuves de leur théorie : un pot de peinture blanche renversé, un pinceau, une chaussure coincée entre le rebord de pierre et le bas de la porte, comme si Victoria avait trébuché, et un morceau de la manche de son chemisier accroché à la poignée de la porte-fenêtre, comme si elle avait tenté de s'agripper. Les conclusions de l'enquête ne soulevèrent aucun doute : en se penchant un peu trop, Victoria avait perdu l'équilibre.

— Il n'y a donc pas eu d'autopsie.

— Non, inspecteur.

— Votre sœur avait-elle l'habitude de faire elle-même ce genre de travaux ?

— Oui, inspecteur ; notre château était sa vie, et elle ne supportait pas la moindre imperfection. Plomberie, peinture, électricité... Elle ne reculait devant rien.

— Pardonnez-moi d'être direct, mais votre description des faits correspond bien à un malheureux accident.

— À première vue, peut-être... Et j'ai voulu y croire moi-même pendant de longues années. Ce serait si simple d'accepter cette vérité-là et d'oublier Victoria. Mais quelque chose ne va pas. La semaine dernière, j'ai gravi les marches de l'escalier du donjon et j'ai osé affronter cette maudite porte-fenêtre, pour la première fois depuis la mort de ma sœur. Jamais elle n'aurait commis une imprudence pareille.

— Jugement très subjectif, ne croyez-vous pas ?

— C'est vrai, mais qui la connaissait mieux que moi ? Victoria était très prudente, surtout lorsqu'elle entreprenait un travail qui comportait des risques, même minimes. Elle calait ses échelles avec soin, vérifiait la fixation du manche d'un marteau, s'assurait de la solidité d'un échafaudage... Non, elle n'aurait jamais fait des acrobaties dans le vide pour un raccord de peinture ! C'est cette évidence-là qui m'a enfin sauté aux yeux, quand j'ai réussi à affronter les lieux du drame.

Higgins prenait des notes, de son écriture fine et rapide.

— Je suis sans doute trop curieux, mais.... Que notez-vous ?

— De mon point de vue, un enquêteur ne doit jamais faire confiance à sa mémoire ; elle finit toujours par déformer les faits et risque de conduire à des conclusions erronées. C'est pourquoi je préfère confier les réalités les plus diverses à un carnet qui saura les restituer sans déformation.

— Ce qui signifie... Que vous acceptez d'enquêter ?

— Vous allez trop vite en besogne, monsieur Mac Doughany ; en dépit de vos convictions, rien ne justifie de mener de longues investigations. Identifier un assassin est rarement une tâche facile, mais vingt-huit ans après, alors que le crime n'est même pas établi...

— Quelqu'un a poussé Victoria dans le vide. Quelqu'un qui se croit définitivement à l'abri et que vous seul pouvez identifier. Quand j'ai demandé à Scotland Yard l'ouverture d'une enquête, on m'a poliment éconduit. Poliment, mais fermement.

— Rien d'étonnant.

Le haut fonctionnaire se leva, résigné.

— Je vous remercie de m'avoir reçu, inspecteur, et j'apprécie ce privilège à sa juste valeur.

— Désolé de ne pouvoir vous aider davantage.

— Si j'osais...

Une ultime lueur d'espoir brilla dans le regard de Steven Mac Doughany.

— Le château de Treadstone n'est pas très éloigné... Si vous acceptiez de vous rendre sur les lieux du drame, vous pourriez vous former une opinion définitive.

CHAPITRE IV

La Vauxhall de Steven Mac Doughany n'était pas de toute première jeunesse, mais elle roulait avec détermination et négociait assez bien les virages serrés de la petite route, bordée de vergers, qui conduisait au château de Treadstone.

Le parc du château, tronqué à la suite de ventes malencontreuses, ne couvrait plus qu'une dizaine d'hectares, plantés de chênes plusieurs fois centenaires. L'allure générale était celle d'un château-fort agrémenté de quelques fantaisies de la Renaissance italienne ; de l'imposante bâtisse se dégageait une impression d'austérité. Qu'une jeune et jolie femme ait consacré son existence à restaurer Treadstone était difficile à admettre ; accablée par l'énormité de la tâche et le caractère oppressant du lieu, n'avait-elle pas songé au suicide ?

— Là-haut, dit Steven Mac Doughany en montrant la porte-fenêtre de la plus haute tour du château.

Higgins la contempla longuement et fit un croquis sur son carnet noir. Une première certitude : qui faisait une chute de cette hauteur était condamné à mort.

Le vent soufflait en rafales.

— Entrons, voulez-vous ?

Le hall, immense et glacial, était une imitation de style gothique, tel que l'avaient imaginé les architectes du XIXe siècle.

— Victoria avait humanisé cet endroit, indiqua le châtelain, en accrochant aux murs des tableaux de famille et en remplissant cet espace de canapés et de lampadaires. Grâce à six chaudières de bonne taille, malheureusement capricieuses, nous réussissons à avoir une dizaine de degrés dans la plupart des pièces, qui sont au nombre de cent douze. Le problème le plus délicat, ce sont les couloirs ; ils sont nombreux, larges, hauts et non chauffés.

— De quand date votre château ?

— De la fin du treizième siècle, sous le règne d'Édouard Ier pour la partie la plus ancienne ; mais il a subi d'importantes modifications au XVIIe siècle et a été agrandi au début du XIXe. C'est une sorte de monstre, n'est-ce pas ?

— Si l'on veut.

— Presque toutes les décorations sont l'œuvre de Victoria. Elle n'a eu le temps de terminer qu'une trentaine de pièces ; les autres sont vides ou servent de débarras.

— Pourquoi votre sœur s'est-elle intéressée à la plus haute tour ?

— Elle y avait installé sa chambre et la considérait comme le plus beau fleuron du château. Au loin, c'était cette tour-là qui symbolisait Treadstone. Nous... nous y allons ?

— Faites-moi d'abord visiter le reste du château.

Bien qu'il fût impossible de déchiffrer les sentiments de l'ex-inspecteur-chef, Steven Mac Doughany voulut croire qu'il se laissait prendre par l'atmosphère du château et commençait à s'intéresser au destin de Victoria.

La pièce la plus imposante était le grand salon, d'inspiration gothique. Fauteuils rouges à dossier raide, tables de chêne massif octogonales, boiseries sombres ornées de sculptures représentant des entrelacs végétaux, grandes tapisseries aux teintes vert sombre et brun évoquant des épisodes de la guerre de Cent Ans, parquet aux larges lattes et lustre monumental dont la présence soulignait les nervures du plafond, composaient un décor grandiose, mais figé.

— Receviez-vous beaucoup ?

— Je suis plutôt du genre ermite, avoua Steven Mac Doughany, et Victoria n'aimait pas les mondanités. Elle ne fréquentait que quelques amis fidèles.

— Dans les mois qui ont précédé la mort de votre sœur, de nouvelles relations sont-elles apparues ?

— Non, inspecteur.

Quoiqu'il ne redoutât point la fraîcheur, Higgins jugea pourtant glacés les couloirs qui reliaient les pièces entre elles. Accrochés aux parois de pierre, des trophées ; formant une haie menaçante, des armures tenant hallebardes et épées.

Parmi tant de pièces austères, le salon de musique offrait un petit air de fête. Éclairé par de hautes fenêtres qu'encadraient des tentures vieil or, il abritait un clavecin de l'époque de Haendel et des centaines de partitions anciennes. De confortables canapés à trois ou quatre places étaient disposés autour du bel instrument, comme s'ils attendaient les invités à un concert.

— Votre sœur était-elle musicienne ?

— Elle jouait admirablement du clavecin, et avait une passion pour Bach et Haendel. Son interprétation des *Variations Goldberg*, pourtant si difficiles, était stupéfiante.

— Ses amis se réunissaient-ils pour l'écouter ?

— Non, Victoria était très pudique ; elle jouait pour elle-même, pour la musique, pour faire vivre les compositeurs qu'elle aimait. Elle ne tenait ni à briller ni à se faire applaudir ; je suis le seul à avoir eu la chance de l'entendre.

Sur le clavecin, la partition du *Concerto italien* de Bach, une œuvre enthousiasmante que Higgins jouait souvent sur son piano, avec les maladresses d'un amateur. L'ex-inspecteur-chef tourna les pages et constata qu'elles comportaient de nombreuses indications de doigtés, au crayon. Sans nul doute, Victoria Mac Doughany était une virtuose.

— Votre sœur avait-elle consulté des décorateurs ?

— Non, elle se méfiait des spécialistes qu'elle jugeait trop esclaves des modes. En revanche, elle avait lu beaucoup d'ouvrages consacrés à la tapisserie, au mobilier et aux boiseries, et tenté de percevoir l'âme de ce château afin de lui offrir la décoration qui lui convenait. Son travail fut jugé si remarquable par l'Historic Building Council, la Caisse des monuments historiques britannique, qu'il lui accorda une bourse. Pas un seul meuble, pas une seule tenture, pas un seul tableau de ce château ne sont postérieurs au XVIIIe siècle ; Victoria a passé de nombreuses heures en salle de ventes, chez Christie's, pour acheter des objets adéquats. Voulez-vous voir... sa chambre ?

La voix de Steven Mac Doughany s'était étranglée. D'un pas lourd, il précéda Higgins et grimpa l'escalier de la tour principale. À mi-hauteur, le châtelain poussa une porte de chêne qui s'ouvrit sur une grande chambre au plafond bas. Tapis bleus de l'époque victorienne, tissus anciens évoquant des ramures, cheminée gothique, lit à une place, bureau en acajou, vases chinois, fauteuil bleu aux larges accoudoirs, deux fenêtres hautes et étroites... Une atmosphère recueillie, presque grave. Mains croisées derrière le dos, Higgins fit quelques pas. Il se déplaçait comme un chat, évitant de faire grincer le parquet. Recueilli, Steven Mac Doughany ne dépassa pas le seuil.

— Allons jusqu'au sommet, exigea l'ex-inspecteur-chef.

L'ascension fut très lente.

L'ultime pièce dont s'était occupée Victoria Mac Doughany était ronde ; la toiture, formée de poutres apparentes d'une exceptionnelle qualité, était majestueuse. Higgins s'approcha de la porte-fenêtre sur laquelle ne subsistaient que de rares traces de peinture.

— Faites attention, inspecteur ; l'ouvrir pourrait être dangereux.

— C'est pourtant indispensable.

La clé tourna difficilement dans la serrure. La porte-fenêtre pivota vers l'intérieur, un vent violent repoussa Higgins.

— Ne vous penchez pas, recommanda le châtelain.

L'ex-inspecteur-chef ne suivit pas le conseil.

Alors qu'il visualisait la trajectoire qu'avait suivie le corps de la malheureuse Victoria, vingt-huit ans plus tôt, un tourbillon le déséquilibra. Aggripant Higgins par le bras gauche, Steven Mac Doughany le tira en arrière.

— Je vous avais prévenu ! Ne recommencez pas, je vous en prie.

Le châtelain referma la porte-fenêtre.

— Peut-être s'agit-il d'un crime, dit Higgins avec calme.

— Vous... Vous acceptez de m'aider ?

— À une condition : que vous me laissiez agir à ma guise.

— Je suis votre obligé, inspecteur.

— Si je parviens à découvrir la vérité, elle pourrait être cruelle.

— Je cours le risque.

CHAPITRE V

— Voici ma première exigence, monsieur Mac Doughany : explorer seul votre château, aussi longtemps que nécessaire. Je dois examiner le moindre recoin.

Le châtelain parut contrarié.

— Je... Jc comprends, mais c'est un peu...

— L'indiscrétion fait malheureusement partie de mon métier.

— Mon château vous appartient, inspecteur ; j'appelle le traiteur et je lui commande un bon dîner.

Dès que Steven Mac Doughany eut quitté la plus haute pièce du château, Higgins commença ses investigations. Comme le notait avec perspicacité M.B. Masters dans le tome I de son fameux *Manuel de criminologie,* savoir pratiquer une fouille était la première qualité que devait acquérir un enquêteur. Au fil des années, Higgins avait perfectionné une méthode de félin, fondée sur l'acuité du regard, le silence et la rapidité. Une inspection rationnelle, menée par des policiers conventionnels, aurait exigé plusieurs jours. Higgins se fia à son instinct, tel un fauve en quête d'une proie.

Il ouvrit un nombre incalculable de portes, ausculta le château à la manière d'un médecin examinant un corps humain et nota la présence de nombreux meubles de qualité, armoires en chêne du XVIIIe siècle, vaisseliers à portes moulurées, bahuts à plusieurs corps en bois fruitier surmontés d'une corniche, commodes de port en acajou massif et plusieurs commodes en laque décorées de branchages, datant des XVIIe et XVIIIe siècles, et qui avaient fait l'objet de soins attentifs.

Il n'était pas loin de minuit lorsque l'ex-inspecteur-chef rejoignit Steven Mac Doughany dans l'immense hall d'entrée, en partie aménagé en salon édouardien.

— Avez-vous un peu d'appétit, inspecteur ?

— Je vous avoue que oui.

— Mon traiteur nous a préparé un menu spécial : beignets de morue accompagnés d'achards de légumes, compote d'oignons rouges aux raisins, courgettes « d'un jour » macérées dans du vinaigre de vin et citrons confits au gingembre.

— Si je ne m'abuse, ce sont des recettes du fameux épicier Albert Ménès qui porte le même nom que le premier pharaon d'Égypte.

— On ne peut rien vous cacher, inspecteur.

— J'ai pourtant rencontré quantité de gens qui tentaient de me cacher des faits essentiels.

— Que penseriez-vous d'un Pommerol pour souligner les saveurs de ces mets ?

— Excellente idée ; mais vous me surprenez, monsieur Mac Doughany.

— De quelle manière, inspecteur ?

— Je ne croyais pas que vous vous intéressiez à la bonne chère.

— Oh, vous avez raison ! Je me nourris de manière tout à fait conventionnelle mais, ce soir, vous êtes mon hôte, et je me devais d'honorer cette visite. Si Victoria était toujours de ce monde, elle vous aurait offert un dîner somptueux. Jamais je ne parviendrai à l'égaler.

Le châtelain déboucha la bouteille et versa le précieux liquide dans deux verres en cristal.

— Je sais que vous désapprouvez mon attitude, inspecteur ; je devrais oublier une sœur morte depuis vingt-huit ans. Je le devrais, mais je n'y parviens pas. Pas plus que mes parents, d'ailleurs, ou même que le chien avec lequel j'ai joué durant toute mon enfance. Les morts demeurent présents, tout proches ; et qui ne connaît pas le repos, comme ma sœur assassinée, réclame justice.

Le repas était raffiné à souhait.

— Êtes-vous marié, monsieur Mac Doughany ?

— J'ai eu deux fois l'occasion de convoler en justes noces, mais mes fiancées successives ont renoncé, sans doute en raison de mon caractère. J'ai toujours fait passer ma vie professionnelle avant mes sentiments et, bien que j'aie été fonctionnaire, je ne reculais jamais devant de nombreuses heures supplémentaires. Même le week-end, il m'arrivait souvent de retourner au bureau pour m'occuper de dossiers délicats. Pour une épouse qui souhaitait une vie familiale, je n'étais vraiment pas un parti enviable.

— Avez-vous éprouvé de vifs regrets ?

— Bien sûr, mais le service de l'État les a effacés. Je fais partie de ces fonctionnaires pour lesquels il passe avant toute chose. La notion même de grève m'est toujours apparue comme une obscénité, et j'ai affronté certains collègues qui ne partageaient pas mon point de vue. Ce que je déteste, c'est le dilettantisme ; quelles que soient les circonstances, nous autres fonctionnaires devons remplir au mieux la tâche qui nous a été confiée.

— Une position bien difficile à tenir, estima Higgins.

— Exact, inspecteur, mais je n'en ai pas changé. L'administration elle-même m'a adressé des remontrances, mais je suis resté inflexible.

— Cette attitude n'a-t-elle pas empêché des promotions ?

— C'est certain, mais qu'importe ! Elles auraient été le fruit de compromissions et de lâchetés. Ma carrière s'est déroulée à son rythme, j'ai obtenu un poste comportant de véritables responsabilités et j'ai réalisé mon rêve : être utile à l'Angleterre. Pourquoi serais-je insatisfait ?

Steven Mac Doughany dégustait avec lenteur. Sa voix monocorde s'accordait bien avec le caractère grandiose et sombre du château.

— Avez-vous un autre domicile ? demanda Higgins.

— Treadstone fut et sera ma seule demeure. Aujourd'hui, je considère ce château comme une sorte d'être vivant ; il est ma famille et mes souvenirs, il préserve la mémoire de mes parents et de ma sœur, et je l'entretiendrai jusqu'à mon dernier souffle.

— À qui lèguerez-vous Treadstone ?

— À personne. Sans doute reviendra-t-il aux Monuments historiques qui en feront un musée, à moins qu'un milliardaire ne s'en porte acquéreur. L'avenir ne m'appartient pas, inspecteur, et je ne veux pas m'en soucier.

— Comment occupez-vous vos journées ?

— Depuis que je suis à la retraite, je fais tout moi-même : la cuisine, le ménage, les mille et une petites réparations, et je vais attaquer de nouvelles restaurations pour poursuivre l'œuvre de Victoria. Et il en sera ainsi jusqu'à mon dernier souffle. J'ai conscience que l'œuvre demeurera inachevée mais, au moins, j'aurai fait le maximum. Grâce à ce qui reste de la fortune de mes parents, j'espère progresser de manière significative.

Au cours de sa carrière, Higgins avait vécu de nombreux moments aussi étranges que celui-ci et rencontré des personnages aussi insolites. Pourtant, Steven Mac Doughany était un parfait gentleman.

— Désirez-vous poursuivre vos investigations, inspecteur ?

— Ce ne sera pas nécessaire.

— Auriez-vous exploré... tout le château ?

— Lui et moi nous sommes plutôt bien entendus et il n'a pas essayé de me repousser.

— Vous aussi, vous croyez que les demeures ont une âme.

— Ce n'est pas affaire de croyance, monsieur Mac Doughany, mais d'expérience.

— Avez-vous découvert quelque chose d'intéressant pour votre enquête ?

— C'est vous qui allez me le dire, répondit Higgins.

CHAPITRE VI

Le regard gris de Steven Mac Doughany s'emplit d'étonnement.

— De quelle manière puis-je vous aider ?

— Ce que j'ai découvert n'a peut-être aucune importance, mais j'aimerais en être certain.

— Je suis à votre disposition.

— Remontons dans la chambre de votre sœur, voulez-vous ?

Le châtelain posa son verre.

— Est-ce vraiment indispensable ?

— Désolé de vous infliger cette épreuve.

— Je finis par être ridicule. Allons-y.

D'un pas décidé, mais sans nervosité, le châtelain suivit Higgins qui semblait connaître Treadstone depuis toujours.

La chambre de Victoria était marquée par un silence angoissant dont la pesanteur surprit, une nouvelle fois, l'ex-inspecteur-chef.

— Savez-vous ce que contient la petite armoire d'angle, monsieur Mac Doughany ?

— Des tasses et des soucoupes en porcelaine.

— En êtes-vous bien certain ?

— Autant que l'on peut l'être.

— Qui d'autre que vous a pénétré dans cette chambre ?

— Mais... Personne !

— Quand avez-vous ouvert cette armoire pour la dernière fois ?

Le châtelain réfléchit.

— Il y a très longtemps, inspecteur... Ici, je me contente de faire le ménage sans toucher à rien.

— Ouvrez et regardez.

Steven Mac Doughany hésita ; le regard ferme de Higgins l'incita à agir.

De l'armoire, le haut fonctionnaire sortit un chemisier en soie grise, avec d'infinies précautions, comme s'il maniait un objet sacré.

— Ce n'est pas possible !

Steven Mac Doughany tourna de l'œil, Higgins l'aida à s'asseoir.

— Voulez-vous un cordial ?

— Non, inspecteur, ça ira... Mais ce fut un tel choc !

Higgins étala le chemisier sur le lit ; la manche gauche était déchirée.

— Est-ce le chemisier que portait votre sœur lors de sa chute ?

— Oui, c'est bien lui... Je le reconnaîtrais entre mille !

— Qu'était-il devenu, selon vous ?

— Il se trouvait dans une armoire, au rez-de-chaussée, avec les autres vêtements que portait ma sœur le jour de sa mort.

— Allons voir, voulez-vous ?

Les mains tremblantes, Steven Mac Doughany inspecta le vaste tiroir dans lequel avaient été rangés vêtements, sous-vêtements et chaussures.

— D'après mes souvenirs, inspecteur, il ne manque rien d'autre.

L'une des chaussures était endommagée, presque coupée en deux.

— Ma sœur a été ensevelie dans la robe qu'elle préférait, dit le châtelain à voix basse. Une longue robe rouge que ma mère avait portée une seule fois.

— Qui savait que vous conserviez ces objets à cet endroit ?

— Personne, inspecteur.

— En aviez-vous parlé à vos proches ?

— Je ne crois pas.

— On se laisse parfois aller à des confidences.

— J'ai traversé des phases de dépression, c'est vrai, mais je ne crois pas avoir confié à quiconque mes émotions et moins encore les secrets de ce château.

Higgins et son hôte reprirent le chemin de la chambre de Victoria.

De la poche du chemisier, Higgins sortit un petit chapelet composé d'une dizaine de perles reliées entre elles par un fil d'or.

— Votre sœur était-elle croyante ?

Steven Mac Doughany blêmit de nouveau.

— Pas au point d'utiliser un chapelet, inspecteur !

— N'avez-vous jamais vu cet objet entre ses mains ?

— Jamais ! Comme tout sujet de Sa Majesté, Victoria jugeait utile de croire en Dieu de temps à autre et, surtout, de ne pas l'insulter. Mais elle n'allait ni à l'église ni au temple, et croyait davantage à la beauté de la nature qu'aux dogmes des hiérarchies ecclésiastiques.

L'ex-inspecteur-chef prit des notes sur son carnet noir.

— Il faut vous rendre à l'évidence, monsieur Mac Doughany : quelqu'un s'est introduit dans ce château, s'est emparé de ce chemisier, y a glissé ce chapelet, et a déposé le vêtement dans la chambre de votre sœur.

— Impossible !

— Vous refusez d'admettre la réalité.

— Elle suppose... une effraction !

— Est-il impossible de s'introduire ici à votre insu ?

Steven Mac Doughany demeura silencieux.

— Il vous faudra accepter toutes les conséquences de mon enquête, rappela Higgins, et découvrir quelques vérités qui risquent de vous déplaire.

— Entendu, inspecteur.

— Votre sœur était-elle minutieuse ?

— C'est le moins que l'on puisse dire. Pour décorer un château comme celui-là, le dilettantisme et l'amateurisme ne sont pas de mise !

— De vos propos, je déduis que Victoria était une jeune femme belle et séduisante, mais était-elle aussi élégante ?

Le châtelain devint rêveur.

— Si vous l'aviez connue... Oui, elle était l'élégance même et possédait un goût très sûr. Qu'il s'agisse de s'habiller, de choisir un tissu ou de composer un menu, elle ne commettait pas la moindre erreur.

— En ce cas, estima Higgins, la thèse de l'assassinat s'en trouve considérablement renforcée.

CHAPITRE VII

Steven Mac Doughany parut surpris.

— Pourriez-vous être plus explicite, inspecteur ?

— Ce chemisier en soie est d'une qualité exceptionnelle. Une femme élégante, s'adonnant à des travaux de peinture qui entraînent inévitablement des taches, n'aurait pas risqué de souiller un vêtement de ce prix. Elle aurait revêtu une blouse, par exemple.

— Et vous en concluez...

— Si assassin il y a, il a profité d'une opportunité qu'il guettait peut-être depuis quelque temps, puis a organisé une mise en scène rapide pour faire croire à un accident.

Steven Mac Doughany serra les poings.

— C'est ça... C'est exactement ça ! Voilà ce ue j'ai ressenti sans pouvoir l'expliquer. Vingt-huit ans... J'ai passé vingt huit ans dans les ténèbres, et vous, en quelques heures, vous faites la lumière !

— N'exagérons rien, monsieur Mac Doughany ; je viens seulement de noter un détail qui va dans le sens de votre théorie.

— Un détail ? Mais vous venez de prouver le meurtre, inspecteur ! À présent, il vous faut retrouver l'assassin.

— À supposer qu'il existe, n'est-il pas décédé ?

Le haut fonctionnaire ne dissimula pas sa contrariété.

— Je n'y avais pas songé... Mais la mort n'éteint pas son crime. L'identifier apaisera l'âme de ma sœur.

— Je partage cette opinion, admit Higgins. Et j'ai autre chose à vous montrer.

Intrigué, Steven Mac Doughany suivit l'ex-inspecteur-chef qui le conduisit jusqu'à une petite pièce qui présentait la particularité d'être décorée avec le même tissu mural que la chambre de Victoria. Plusieurs tableaux anciens étaient entreposés dans un angle, un bureau Regency attendait d'être restauré, le parquet souffrait de nombreuses blessures.

— Sur la cheminée, j'ai découvert un album qui ne contenait qu'une seule photographie. La connaissiez-vous ?

Higgins ouvrit l'album.

— Non... Et je ne suis pas entré dans cette pièce depuis plusieurs années. La lumière n'est pas bonne, ici ; allons dans le grand salon.

Steven Mac Doughany offrit un authentique cognac à Higgins.

— Je n'ai pas l'habitude de boire, inspecteur, mais cela fait beaucoup d'émotions pour une seule soirée.

Sur la photographie, prise devant l'entrée du château de Treadstone, quatre hommes et trois femmes.

— Reconnaissez-vous ces personnes ?

— Bien sûr ! C'étaient les meilleurs amis de ma sœur, ceux et celles qui lui rendaient régulièrement visite.

— Il y a une date, dans le coin inférieur droit... Regardez vous-même, monsieur Mac Doughany.

Le châtelain, auquel le cognac avait redonné un peu de couleur, blêmit de nouveau.

— Le 6 novembre, il y a vingt-huit ans, la veille de la mort de ma sœur... Qui a pris cette photo et pourquoi ?

— Si vous l'aviez su, nous aurions progressé.

— On jurerait une photo de famille, comme si ces sept personnes commémoraient un évènement !

— Votre sœur savait-elle manier un appareil photographique ?

— Je ne l'ai jamais vu s'en servir.

— Si c'était elle, la photographe, elle vous aurait probablement parlé de cette réunion amicale.

— Sans aucun doute.

— Un nouveau mystère, semble-t-il ; auriez-vous une explication, monsieur Mac Doughany ?

— Non, je ne vois pas...

— Identifiez ces personnes, je vous prie.

— Cet homme grand et mince, c'est Albert Vauxhall, un haut fonctionnaire que je soupçonne d'avoir appartenu aux services secrets ; cette femme élégante, en tailleur mauve, est Millicent Gyntanil, une professeur de français ; le petit homme moustachu, aux cheveux en brosse, se nomme John Milford et il exerçait, il y a vingt-huit ans, la profession de peintre animalier ; la rousse est une infirmière, Peggy Tuesday ; le personnage voûté, presque chauve, est Dick Stousnill, un restaurateur de meubles anciens, spécialiste des laques ; la belle brune à l'allure sportive se nomme Raphaëla Kusdick, et était recordwoman de natation. Quant au dernier, sa seule présence sur la photo est une autre énigme !

— Pour quelle raison ?

— Il s'agit d'Ornatus, duc de Paston et de Naswater, propriétaire terrien ruiné, mais très attaché à son passé et à sa haute noblesse. Ornatus avait une vieille théorie : pour lui, le retour à la terre était inévitable. Ce jour-là, il serait de nouveau riche et mènerait le train de vie ancestral. Une erreur de perspective qui lui a sans doute coûté ses derniers biens. Impossible de le faire changer d'avis : Ornatus ne croyait pas au progrès et il ne comprenait rien à l'économie actuelle. De son point de vue, Treadstone n'était qu'un château moderne, dépourvu d'intérêt ; un noble de sa qualité se serait dévoyé s'il en avait franchi le seuil. Mais il y avait Victoria...

— Si je comprends bien, le duc Ornatus était épris de votre sœur.

— Amoureux fou, inspecteur ! révéla Steven Mac Doughany avec une fureur mal contenue.

— J'ai le sentiment que vous n'estimiez guère le duc Ornatus.

— Il existait de bonnes raisons pour le détester.

— Lesquelles ?

— Tout duc qu'il fût, Ornatus était alcoolique. Seul le whisky lui faisait oublier ses déboires financiers. Et puis son attitude envers Victoria était insupportable. Elle était tellement belle et avait tellement de classe que lui seul, selon sa propre opinion, serait un mari convenable ! Les autres soupirants seraient écartés et finiraient par se décourager ; quand Victoria comprendrait enfin qu'elle n'était faite que pour Ornatus, elle lui tomberait dans les bras.

— Surprenante confiance en soi.

— Stupide arrogance, voulez-vous dire !

— Quels étaient les sentiments de votre sœur à son égard ?

— Il l'amusait, parce qu'il était brillant et cultivé, citait de mémoire des dizaines de vers d'Homère et de Shakespeare ou décrivait une fleur avec brio. Avec elle, il se montrait d'une grande douceur et jouait les chevaliers servants à la mode médiévale... Jusqu'au moment où sa vanité de duc ressurgissait ! Ornatus attendait Victoria, Victoria lui reviendrait.

— L'avez-vous revu après la mort de votre sœur ?

— Non, inspecteur. Lui, le fougueux prétendant, ne s'est plus manifesté. Je vous avoue que, si j'avais appris sa mort, elle ne m'aurait causé aucune peine. Je n'ai jamais détesté un homme à ce point-là.

— Si vous acceptiez de me faire du café, monsieur Mac Doughany, j'explorerais volontiers votre château une seconde fois, avec l'espoir de découvrir de nouveaux indices.

— À votre guise, inspecteur ; j'ai un excellent arabica. Ensuite, avec votre permission, j'irai dormir.

La nuit durant et une bonne partie de la matinée, l'ex-inspecteur-chef Higgins, se déplaçant comme un chat, essaya de percer tous les secrets du château de Treadstone.

CHAPITRE VIII

Engoncé dans une robe de chambre verte, le visage fripé, Steven Mac Doughany ne fit son apparition dans la cuisine du château qu'à neuf heures.

— Voici du café chaud, des toasts et de la marmelade, proposa Higgins ; vous me pardonnerez de m'être sustenté.

— C'est à moi de vous présenter mes excuses, inspecteur ; je n'ai pas l'habitude de me lever aussi tard, mais j'avoue que l'émotion et la fatigue m'ont brisé. C'est un peu comme si une longue errance s'achevait... Grâce à vous, j'ai l'espoir que la disparition tragique de ma sœur ne soit plus une torture quotidienne, formée d'interrogations auxquelles je ne pouvais répondre. Vous m'offrez une chance fabuleuse, et je suis conscient de ma dette envers vous.

— Votre reconnaissance me va droit au cœur, monsieur Mac Doughany, mais elle est prématurée.

— Vos nouvelles investigations ont-elles abouti ?

— Malheureusement, rien de nouveau. Nous devons nous contenter de cette photographie pour établir un répertoire de suspects et tenter de retrouver leurs traces. Bien entendu, je suis obligé de faire appel à Scotland Yard pour remonter rapidement un certain nombre de pistes.

— Victoria était une femme admirable, inspecteur ; Dieu lui avait offert la beauté et l'intelligence. Elle avait tout pour elle, et son existence s'annonçait comme un conte de fées. Puisque vous êtes persuadé, comme moi, que ma sœur a été assassinée, mettez tout en œuvre pour identifier le coupable.

Higgins étendit la marmelade d'Oxford sur un toast grillé à point et le proposa à Steven Mac Doughany qui le grignota, l'esprit ailleurs. L'ex-inspecteur-chef ouvrit son carnet noir.

— Connaissiez-vous bien Albert Vauxhall ?

— Lui aussi était très amoureux de Victoria et lui faisait une cour assidue. Il venait souvent à Treadstone et jouait du clavecin avec ma sœur ; leurs morceaux favoris étaient des pièces à quatre mains du XVIIIe siècle. Elle était beaucoup plus douée que lui, et il avait du mal à suivre le rythme. Pourtant, au contact de Victoria, Vauxhall faisait des progrès. Séduisant, brillant, intelligent, cultivé, il avait toutes les qualités pour séduire ma sœur.

— Et... fut-elle séduite ?

— Elle prenait plaisir à sa compagnie, c'est certain, mais je ne crois pas qu'elle avait envie de l'épouser. D'ailleurs, Albert Vauxhall n'a pas osé la demander en mariage, il était donc persuadé d'être repoussé. Après la mort de Victoria, il ne m'a même pas adressé un mot de condoléances, comme si la disparition de ma sœur le laissait indifférent. J'en ai conclu qu'il était un comédien expérimenté et un individu peu recommandable.

— Pourquoi supposiez-vous qu'il était agent secret ?

— Il avait lui-même révélé que, pendant la guerre, ses activités étaient inavouables, bien qu'il fût au service du Royaume-Uni. Comme il ne voulait pas en dire plus, comment ne pas songer aux services secrets ? Mais ce n'est qu'une déduction qui n'est appuyée par aucun fait concret.

— Avez-vous entendu parler d'Albert Vauxhall depuis la mort de votre sœur ?

— D'aucune manière.

— Lui et le baron Ornatus avaient un point commun : ils étaient amoureux de Victoria.

— Ils n'étaient pas les seuls ! C'était aussi le cas de Dick Stousnill et de John Milford.

Higgins prit des notes sur son carnet noir, sans omettre de jeter régulièrement un œil à la photographie où étaient réunis les personnages dont parlait Steven Mac Doughany.

— Dick Stousnill, c'est bien ce petit homme voûté, presque chauve ?

— Oui, inspecteur ; un piètre soupirant, n'est-ce pas ? Pourtant, il n'était pas le moins ardent ! Lui, un spécialiste des laques anciennes, froid, précis, méticuleux, devenait un romantique exacerbé en présence de Victoria. Il avait même osé la demander en mariage.

— Qu'avait-elle répondu ?

— Elle avait essayé de ne pas le blesser en prétextant qu'elle devait longuement réfléchir avant de prendre une décision si importante. Alors, il lui récitait des poèmes et lui offrait des bouquets de fleurs des champs.

— Se trouvait-il souvent au château ?

— Très souvent, puisqu'il y restaurait de vieux meubles avec un soin extrême.

— Vous avez dû converser longuement avec lui.

— Non, inspecteur, car il exigeait le silence absolu pour travailler ; nous n'avons échangé que quelques formules de politesse. Il recevait les instructions de Victoria et m'ignorait.

— Comment s'est-il manifesté, lors du drame ?

— Absence et silence. Je ne sais pas ce qu'il est devenu.

— John Milford s'est-il comporté de la même façon ?

— Non, inspecteur ; cinq ans après la mort de Victoria, il m'a adressé une lettre de condoléances.

— L'avez-vous gardée ?

— Ses formules toutes faites m'ont tellement irrité que je l'ai jetée. Pourquoi m'avoir écrit, si longtemps après le drame ?

— N'avez-vous pas songé à une sorte de... remords ?

— À cette époque, je n'avais pas envisagé l'hypothèse d'un assassinat. John Milford, le meurtrier de ma sœur... C'est difficile à croire, mais pourquoi pas ? C'était un excellent peintre animalier, et ses tableaux plaisaient à ma sœur. Un jour, elle lui a servi de modèle : d'après lui, Victoria fut le seul être humain auquel il accorda suffisamment d'intérêt pour la peindre. Ce fut sa manière, à la fois discrète et forte, de lui révéler qu'il l'aimait.

— L'a-t-elle... encouragé ?

— Je ne crois pas, mais ils parlaient beaucoup de peinture ; malgré des débuts très difficiles, John Milford était persuadé qu'il avait du talent et qu'il réussirait. Et il a réussi, puisque sa cote n'a cessé de monter.

— Était-il amical, avec vous ?

— Pas du tout. Milford était bourru, voire désagréable, et ne cherchait pas à séduire. Il n'avait pas envie de me fréquenter et c'était réciproque. Je reprendrai bien du café, inspecteur ; et vous ?

Par bonheur, Higgins n'était pas en présence d'un amateur de thé matinal ; comment aurait-il échappé à ce breuvage qu'il était le seul sujet britannique à détester ? Steven Mac Doughany prépara un excellent arabica dont il semblait avoir le plus grand besoin pour sortir d'une torpeur certaine.

— D'après vos indications, monsieur Mac Doughany, les quatre hommes de la photographie étaient amoureux de votre sœur.

— Chacun à sa manière, c'est exact.

— Cette situation n'était-elle pas... explosive ?

Steven Mac Doughany plongea dans ses souvenirs.

— Elle aurait pu l'être, vous avez raison, mais Victoria n'aurait pas permis que le ton montât à Treadstone. Je n'ai entendu parler ni de querelle ni d'altercation. Quelle qu'ait été l'intensité de leurs sentiments, ces messieurs ont su raison garder et ne pas provoquer d'incident.

— Votre sœur avait-elle une préférence marquée pour l'un d'entre eux ?

— Question bien embarrassante, inspecteur ! Elle avait de l'affection pour ces quatre personnages, si différents les uns des autres, mais de là à renoncer à son indépendance...

— Refusait-elle catégoriquement le mariage ?

— Non, mais elle n'était pas pressée et observait ses soupirants avant de faire son choix. À mon avis, il se serait porté sur John Milford, à cause de ses dons artistiques. Mais ce n'est que mon avis, et non une confidence de Victoria.

— Si nous parlions des trois femmes de la photographie ? proposa Higgins.

CHAPITRE IX

Steven Mac Doughany regarda la photographie avec attention.

— Trois fortes personnalités, inspecteur, et trois têtes de mule ! Chacune était persuadée de détenir la vérité et tentait de l'imposer aux autres.

— Se fréquentaient-elles ?

— Pas à ma connaissance. Leur seul trait d'union, c'était Victoria ; et ma sœur évitait de favoriser de dangereuses rencontres !

Higgins regarda la photographie.

— Cette dame si élégante, qui est-ce ?

— Millicent Gyntanil, répondit le châtelain. Elle avait été le professeur de français de Victoria, qui aimait lire Ronsard et Montaigne, et avait pris plaisir à la revoir. Mlle Gyntanil était toujours tirée à quatre épingles, et parlait littérature avec un art consommé. Comme Victoria lui donnait la réplique en lui récitant des vers de la Renaissance, la conversation était des plus animée.

Higgins songea à la grande poétesse Harriett J.B. Harrenlittlewoodrof, dont l'œuvre, encore inédite, était promise au prix Nobel de littérature, d'après les critiques compétents ; n'avait-elle pas évoqué à merveille le climat du parc de Treadstone, dans ses *Sonnets libres pour un château perdu* ?

Et le soir tombe sur la mémoire des grands hêtres,
Dont les branchages se souviennent, jadis et naguère,
Des fêtes de l'été et des noces d'enfance,
Jusqu'aux rayons de lune en vagues apaisées.

— Vous paraissez rêveur, inspecteur.

— Je vous écoute, monsieur Mac Doughany ; dois-je en conclure que votre sœur était une brillante élève ?

— Uniquement en français et avec Mlle Gyntanil. L'école ne lui plaisait guère ; elle lui reprochait d'être une communauté fermée dont le but inavoué est de former des êtres stéréotypés, tous formés dans le même moule. Avec Millicent Gyntanil, c'était différent ; elle sortait volontiers du programme obligatoire pour s'aventurer sur des chemins peu fréquentés. Elle avait promis un brillant avenir à Victoria si cette dernière savait se discipliner.

— Comment a-t-elle réagi, lors du drame ?

— Le lendemain du décès, Millicent Gyntanil avait rendez-vous au château. Je lui ai annoncé moi-même la terrible nouvelle, et elle a paru très ébranlée. « Si je pouvais vous confier... », a-t-elle déclaré, puis elle s'est interrompue. Je lui ai demandé de s'expliquer, mais elle a refusé. Depuis ce jour sinistre, je n'ai plus entendu parler d'elle.

— N'avez-vous pas cherché à la revoir pour l'interroger ?

— Si, mais elle semble avoir quitté la région ; je ne suis pas parvenu à retrouver sa trace, et j'ai fini par oublier son étrange comportement.

Higgins continuait à prendre des notes, de son écriture fine et rapide.

— Vous avez évoqué une nageuse de compétition, me semble-t-il.

— Regardez-la sur la photo : quelle femme splendide, cette Raphaëla Kusdick ! Elle était plus jeune que Victoria, et c'était son amie. Une amitié fougueuse, excessive, qui les entraînait dans une rivalité permanente. Bien que Raphaëla fût une excellente compétitrice, Victoria parvenait à lui tenir tête. Elle avait tenté de persuader ma sœur de développer ses dons et de pratiquer la natation en professionnelle, mais en vain. Raphaëla était invitée en permanence à Treadstone, dont les murs s'animaient souvent des rires joyeux des deux amies. Elles se querellaient volontiers, mais la dispute se finissait toujours dans la gaieté.

— Parlaient-elles mariage ?

— D'après ma sœur, Raphaëla prétendait avoir une grande expérience des hommes et lui donnait de nombreux conseils.

— Quel était le prétendant préféré de Mlle Kusdick ?

— Pour Raphaëla, aucun doute, Victoria devait épouser Albert Vauxhall, malgré la différence d'âge. Mais ma sœur ne lui donnait pas son approbation, et Raphaëla repartait sans cesse à l'assaut.

— La mort de votre sœur fut probablement une terrible épreuve pour son amie.

— Un événement inattendu s'est produit : Raphaëla m'a annoncé qu'elle se mariait, quittait la région et n'y reviendrait jamais. Elle a refusé de me donner le nom de son époux et, lorsque je lui ai demandé si nous nous reverrions pour évoquer la mémoire de Victoria, elle m'a sèchement éconduit. Voilà la triste façon dont nous avons rompu nos relations.

— Reste la troisième femme, au visage ingrat et à la forte carrure.

— Une rousse tonique, notre Peggy Tuesday, l'infirmière la plus réputée de la région ! Une dévoreuse d'hommes, affirmaient les mauvaises langues, parce qu'elle ne ménageait personne et avait la critique facile. Virulente, agressive, dotée d'un tonus exceptionnel, elle savait tout sur tout le monde.

— Pourquoi venait-elle au château ?

— Pour masser Victoria qui, à force de travailler, souffrait un peu du dos. Mais ces entrevues se passaient plutôt mal.

— Existait-il un motif de discorde ?

— Peggy Tuesday n'aimait ni ma sœur ni son désir de restaurer le château. Pour elle, Victoria jouait à l'aristocrate d'une époque révolue et qui méritait de l'être. Cette chère Peggy avait des idées plutôt... communistes, et tout ce qui pouvait lui rappeler l'aristocratie la rendait presque hystérique.

— En ce cas, pourquoi venait-elle à Treadstone ?

— Je n'en sais trop rien... Peut-être le personnage de ma sœur la fascinait-elle ?

— Aucune autre explication, monsieur Mac Doughany ?

— Non, inspecteur ; pour ma part, je n'appréciais guère son comportement et je n'aurais pas été fâché de la voir s'éloigner. Mais Victoria me jugeait trop sévère et lui trouvait des qualités.

— Votre sœur n'a donc émis aucun reproche concernant Peggy Tuesday ?

— Aucun.

— Et comment s'est comportée Mlle Tuesday lors du drame ?

— Elle est passée au château, a appris la terrible nouvelle de ma bouche, n'a fait aucun commentaire, ne m'a même pas présenté ses condoléances et a quitté précipitamment la région.

Le châtelain parut épuisé.

— Tous ces souvenirs qui reviennent, toutes ces déchirures que je croyais oubliées... C'est une expérience difficile à vivre, inspecteur.

— Si vous le souhaitez, nous pouvons en rester là.

— Non, nous sommes allés trop loin, vous comme moi. À présent, je veux savoir. Je veux connaître le nom de l'assassin de Victoria.

— Monsieur Mac Doughany...

— Non, inspecteur, ne dites pas que vous doutez encore et que vous ne possédez pas assez d'éléments ! Je suis persuadé que vous allez tout mettre en œuvre pour retrouver la trace des personnes suspectes et que vous les ferez parler, si elles vivent encore.

— Le résultat vous décevra peut-être.

— Grâce à vous, nous aurons tout essayé. Ah, il y a un détail délicat... Vous êtes à la retraite, je vais vous faire perdre beaucoup de temps et d'énergie, et je souhaiterais... Comment vous dire... vous indemniser.

— N'y pensez plus, dit Higgins ; si je tente d'élucider les circonstances de ce drame, c'est uniquement parce que vous m'avez ému, tout en piquant ma curiosité. S'il y a réellement un assassin et s'il est encore de ce monde, je n'aimerais pas qu'il jouisse paisiblement de son crime.

CHAPITRE X

Le superintendant de première classe Scott Marlow se réveilla à six heures et deux minutes. Migraineux, la bouche pâteuse, il parvint à s'extirper de son lit de camp sur lequel il avait dormi tout habillé.

Soudain, tout lui revint en mémoire : comme souvent, il n'avait pas quitté son bureau ultramoderne de Scotland Yard parce que ses subordonnés avaient choisi la fin de l'après-midi pour lui apporter des piles de dossiers urgents et délicats que lui seul pouvait traiter. La nuit n'y avait pas suffi... À quatre heures du matin, Marlow avait succombé, mais il lui fallait reprendre le collier.

Déprimé, il referma les yeux.

Une odeur suave enchanta ses narines. Du café... Oui, c'était du café, un café à l'arôme exceptionnel !

Non, il rêvait. La meilleure solution consistait à prolonger le plus longtemps possible cette béatitude.

— Il y a aussi du pain frais, du beurre véritable et de la marmelade authentique, sans colorants ni conservateurs, dit une voix profonde et paisible.

Le superintendant rouvrit les yeux. L'arôme persistait. Et, mains croisées derrière le dos, un homme regardait un pâle soleil tentant de percer les brumes londoniennes.

— La journée devrait être agréable, prédit-il : quelques averses succédant à des ondées, un peu de vent frais, cinq à six degrés à midi.

— Higgins... C'est bien vous ?

— C'est un petit déjeuner sommaire, mon cher Marlow, mais il vous aidera à vous remettre à flot. Je reconnais que l'heure est un peu matinale, mais votre planton m'a indiqué que vous souhaitiez être réveillé à l'aube.

— C'est pourtant vrai, Higgins... Merci pour tout.

L'ex-inspecteur-chef éprouvait une grande estime pour le superintendant Marlow, un policier honnête et consciencieux qui considérait son métier comme un sacerdoce. Quant à Marlow, il avait pu vérifier, à plusieurs reprises, que Higgins était le meilleur « nez » du Yard et qu'il n'avait pas son égal pour démêler les fils d'affaires criminelles particulièrement délicates.

Une divergence, cependant, opposait les deux hommes : l'importance qu'il fallait accorder à la police scientifique. Scott Marlow croyait au progrès, à l'informatique et aux multiples techniques qui, demain, permettraient d'arrêter tous les criminels ; Higgins se contentait de son carnet noir et de son crayon, sans oublier la méthode et l'intuition. Marlow reprochait à son collègue certaines tendances mystiques, mais force lui était de reconnaître son efficacité.

L'heure n'étant pas aux grands débats sur l'avenir du Yard, Marlow mangea de bon appétit et but coup sur coup trois tasses de café.

Alors lui apparut l'incongruité de la situation : Higgins n'avait pas l'habitude de quitter son domaine pour se rendre à Londres, qu'il considérait comme une ville polluée, de plus en plus défigurée par les assauts sauvages du modernisme.

— Mais enfin, Higgins... Qu'est-ce qui vous amène au Yard ?

— Avez-vous entendu parler des hautes fenêtres des tours médiévales, mon cher Marlow ?

Le superintendant fronça les sourcils.

— Vous n'allez pas me raconter une histoire de fantôme !

— Je suis persuadé que l'une de ces fenêtres s'est ouverte sur un crime.

— Ah... Et vous souhaitez que Babkocks examine le cadavre ?

Les méthodes de Babkocks, le meilleur légiste du royaume, étaient assez particulières, mais son jugement quasi infaillible.

— Je ne crois pas que procéder à une exhumation serait utile.

Scott Marlow s'étrangla.

— Exhumation... La victime a été inhumée ?

— Il y a vingt-huit ans, dans le petit cimetière proche du château de Treadstone. J'ai vérifié le registre du décès et interrogé le croque-mort qui a procédé à la mise en bière. Il se souvenait parfaitement du décès de Victoria Mac Doughany.

— Vingt-huit ans ! s'étonna le superintendant ; l'enquête n'avait donc rien donné ?

— Il n'y a pas eu d'enquête, car l'on a considéré, à l'époque, qu'il s'agissait d'un accident. En voulant repeindre la porte-fenêtre de la plus haute tour de son château, cette jeune femme avait fait une chute mortelle.

— Et vous venez de prouver qu'il s'agissait d'un crime !

— Non, superintendant.

— Comment, non ?

— Quelques indices me laissent supposer qu'il s'agit d'un crime, comme le pense le frère de la victime.

— Et il a attendu vingt-huit ans pour en parler ?

— Oui, comme s'il sortait d'une anesthésie.

— Mais enfin, Higgins... Tout ça ne tient pas debout !

— S'il existe une chance d'identifier un éventuel assassin, nous ne devons pas la laisser passer.

Scott Marlow connaissait le caractère obstiné de son collègue ; inutile de le convaincre de renoncer.

— Ces Mac Doughany... Sont-ils reliés d'une façon ou d'une autre à la famille royale ?

En posant cette question d'une voix inquiète, Scott Marlow jeta un œil sur le portrait de la reine Élisabeth qui trônait sur son bureau. Le superintendant espérait appartenir un jour au corps de protection rapprochée de la souveraine, qu'il considérait comme la plus belle femme du monde. Encore fallait-il mener une carrière sans tache et ne sombrer dans aucun scandale.

— Soyez rassuré, mon cher Marlow ; les Mac Doughany sont une famille de petite noblesse provinciale, sans relation avec la Couronne.

Le superintendant poussa un soupir de soulagement.

— Reconnaissez, Higgins, que votre dossier est des plus mince.

— Je l'admets volontiers, mais j'ai visité le château de Treadstone, examiné le lieu du drame, longuement discuté avec Steven Mac Doughany et recueilli quelques éléments. Mais c'est seulement une intuition qui me guide.

« Exactement ce que je redoutais d'entendre », pensa Scott Marlow.

— Quelle stratégie avez-vous décidé d'adopter, Higgins ?

— Vérifier les déclarations de Steven Mac Doughany et tenter de retrouver un certain nombre de témoins qui pourraient être des suspects.

— Un travail de titan !

— Un jeu d'enfant, avec les techniques modernes ; il suffit de mettre en marche la machinerie du Yard.

— Ce n'est pas faux, reconnut Scott Marlow, piqué au vif ; mais j'ai une pile de rapports et de dossiers à examiner. Où voulez-vous que je trouve le temps de mener une enquête qui n'a probablement aucun sens ?

— Je vous propose un marché, superintendant : je vous aide à vous débarrasser de ces problèmes administratifs, et vous lancez des avis de recherche sur les personnes dont je vais vous donner les noms.

— Vous feriez ça ?

— La vérité ne mérite-t-elle pas tous les sacrifices ?

CHAPITRE XI

Grâce à son sens de l'ordre et de la méthode, Higgins avait apporté une aide décisive à Scott Marlow, ravi de voir son horizon se dégager. Le superintendant avait remis à deux inspecteurs la liste des personnes recherchées par Higgins.

Le premier résultat ne se fit pas attendre.

— Nous avons l'adresse d'une Millicent Gyntanil, professeur de français à la retraite, annonça le superintendant à Higgins ; contactée par téléphone, elle a accepté de vous recevoir à onze heures précises.

À l'idée de s'entretenir avec l'un des personnages de la photographie, Higgins fut saisi d'une étrange émotion, comme si le passé était brusquement aboli.

Higgins s'installa à l'avant de la vieille Bentley que le superintendant avait achetée d'occasion à un revendeur douteux et qu'il conduisait avec douceur. La vénérable automobile n'appréciait guère la pollution citadine et préférait s'oxygéner sur les petites routes de campagne qui redonnaient vigueur à sa carburation. Ravie de revoir Higgins, elle se comporta avec vaillance dans les embouteillages londoniens, sous une pluie fine et constante. D'après la météo, la prochaine éclaircie n'était pas encore envisageable.

Millicent Gyntanil habitait un appartement dans Fournier Street, l'une des rues célèbres de l'East End, et plus précisément du quartier de Spitalfields. C'était là que s'étaient installés les huguenots français, des tisserands qui ne voulaient pas renier leur foi protestante et tentaient d'échapper à l'intolérance française. Les uns avaient gagné Londres après le massacre de la Saint-Barthélemy, les autres après la révocation de l'édit de Nantes. Experts du travail de la soie, ils s'étaient fait construire de confortables ateliers qui se caractérisaient par de hautes fenêtres dispensant le maximum de lumière. Les métiers à tisser avaient disparu, et s'était installée là une bourgeoisie aisée qui avait rénové les locaux. Figée dans la première moitié du XVIIIe siècle, Fournier Street alliait le charme à la nostalgie. Ici, on oubliait aisément le Londres moderne pour se perdre dans des images révolues, peuplées de gilets de soie, de robes de soirée et de tentures chaleureuses et secrètes.

Ce fut une vieille dame de quatre-vingts ans, mince et élégante dans son tailleur mauve, qui ouvrit la porte d'un appartement cossu.

— Scotland Yard, je suppose ?

— Pardonnez-moi de vous importuner, mademoiselle Gyntanil ; je suis le superintendant Marlow, et voici l'inspecteur-chef Higgins.

La vieille dame aux cheveux argentés, coiffés avec raffinement, esquissa un sourire.

— C'est très impressionnant, messieurs ; mais pourquoi ce déploiement de forces policières ? Je n'ai pas l'impression d'avoir enfreint les lois de notre vénéré pays ni d'avoir eu un comportement susceptible d'attirer les foudres de la police de Sa Majesté.

— Vous avez raison, dit Higgins, rassurant ; nous avons simplement besoin de votre collaboration à propos d'une très vieille histoire.

— De quand date-t-elle ?

— De vingt-huit ans.

— Mon Dieu ! Espérez-vous que ma mémoire soit efficiente ?

— Il suffit de vous voir, mademoiselle, pour en être assuré.

Millicent Gyntanil rosit.

— Vous êtes un flatteur, inspecteur.

— Le superintendant peut vous affirmer le contraire.

— Voulez-vous entrer quelques instants ?

— Avec plaisir, mademoiselle.

Le salon du professeur de français était un petit chef-d'œuvre d'intimité à l'anglaise, avec ses meubles anciens parfaitement entretenus, ses fauteuils profonds où l'on se relaxait aussitôt, ses napperons brodés et ses lampes discrètes dont la lumière était tamisée par des abat-jours.

— Ce n'est pas une heure convenable pour servir le thé, estima Millicent Gyntanil, mais je peux faire une exception pour Scotland Yard.

— Ne vous donnez pas cette peine, recommanda Higgins ; votre hospitalité est largement suffisante.

— En vous asseyant, prenez garde à ne pas pousser les fauteuils contre les murs ; la tapisserie est extrêmement fragile.

Marlow et Higgins furent précautionneux et prudents, de manière à ne laisser aucune trace de leur passage dans cet univers soigné.

Millicent Gyntanil s'assit lentement au bord du canapé, sans froisser son tailleur mauve.

— Je vous écoute, messieurs.

— Le nom de Mac Doughany vous rappelle-t-il quelque chose, mademoiselle ? demanda Higgins.

— Mac Doughany... N'est-ce pas un excellent joueur de cricket, féru de littérature romantique ? Il avait été l'un de mes élèves, et je l'appelais volontiers « petit lézard » parce qu'il ne cessait de se dandiner sur son siège.

— Je doute qu'il s'agisse du châtelain de Treadstone.

— Treadstone... Mon Dieu ! Faites-vous allusion à ce sinistre château où vivait la délicieuse Victoria ?

— Exactement, mademoiselle.

— Quelle horrible demeure ! Je déteste ces bâtisses qui tentent de se donner l'air de ce qu'elles n'ont jamais été et finissent par broyer leurs propriétaires. Après tout, ils n'ont que ce qu'ils méritent ; au lieu de devenir esclaves des vieilles pierres, ils feraient mieux de lire du Bellay et La Rochefoucauld.

La lueur d'émotion que Higgins avait aperçue dans le regard de Millicent Gyntanil s'était vite estompée pour laisser place à cette inimitable maîtrise de soi que seule une vieille demoiselle anglaise peut posséder sur le bout des doigts.

— C'est précisément de Victoria Mac Doughany que nous souhaiterions vous parler, révéla Higgins.

— Aimeriez-vous déguster des gâteaux secs, messieurs ? Je les fais moi-même, et l'on m'a souvent vanté leurs qualités.

— Désirez-vous éviter un sujet douloureux ? interrogea l'ex-inspecteur-chef.

— Eh bien... Qui aime se remémorer de pénibles moments ? Victoria était une jeune femme remarquable à la culture exceptionnelle, qui aurait mérité une existence longue et heureuse. Mais le destin en a décidé autrement, et personne ne peut s'opposer à sa loi. J'ai oublié cette tragédie et n'ai guère envie de faire ressurgir un fantôme.

— C'est pourtant nécessaire, mademoiselle.
— Pourquoi, inspecteur ?
— Me permettez-vous d'être brutal ?
— Je n'ai pas l'impression que cette attitude vous soit habituelle, inspecteur !
— Si le superintendant Marlow et moi-même vous importunons, mademoiselle, ce n'est pas sans un motif grave.
Millicent Gyntanil parut intriguée.
— Un motif... lié à la personne de Victoria ?
— Nous croyons que Victoria Mac Doughany a été assassinée.

CHAPITRE XII

La vieille demoiselle malaxa un petit mouchoir en dentelle.

— Victoria, assassinée... Mais par qui ?

— Identifier le coupable est le but de notre enquête.

— Tant d'années après cette tragédie... Est-ce possible ?

— Scotland Yard est patient, mademoiselle.

— Dites-moi, inspecteur... J'avais entendu dire que Victoria avait fait une chute mortelle. Personne n'a parlé de meurtre. Quel est l'élément nouveau qui a déclenché votre intérêt ?

Scott Marlow était fasciné par la personnalité de la vieille demoiselle. La voix ne tremblait pas, les gestes étaient assurés, le maintien parfait ; l'âge ne semblait avoir aucune prise sur Millicent Gyntanil.

— Steven Mac Doughany, le frère de Victoria, est aujourd'hui persuadé que la chute de sa sœur a été provoquée. J'ai mené une enquête préliminaire au château et j'ai, en effet, décelé des éléments troublants.

— Pourriez-vous être plus précis ?

— Malheureusement non, mademoiselle, à cause du secret de l'enquête.

Millicent Gyntanil leva les yeux, comme si son regard se perdait dans un lointain passé.

— Victoria, ma chère petite Victoria... Une intelligence déliée, une excellente mémoire, une facilité pour apprendre, une personnalité très attachante. J'aimais beaucoup converser avec elle, nous parlions des poètes du XVIe siècle, de la prosodie, de l'élégance du style dans la littérature française préclassique, des stupides débordements des romantiques, de la niaiserie de Lamartine et de la vanité de Victor Hugo. Je n'imaginais pas, en venant lui apporter un recueil de textes de Jean de Sponde que Steven Mac Doughany allait m'apprendre le décès de sa sœur. J'ai été très choquée et n'ai même pas songé à me répandre en condoléances. Pauvre Steven ! C'était un homme de qualité, conscient et respectueux des vraies valeurs ; grâce à sa bonne éducation, à son amour du passé et de sa famille, il échappait aux dérives de notre époque. Il savait se montrer courtois et discret, vertus rares chez un homme. Je m'entendais bien avec lui, quoiqu'il fût affligé d'un défaut insupportable à mes yeux : il détestait la littérature française.

— Était-il bouleversé, quand il vous a appris le décès de Victoria ?

— Je vous ai dit qu'il savait se tenir. Même dans les pires circonstances, un homme de qualité doit contenir ses émotions. Bien que Steven aimât beaucoup sa sœur et éprouvât pour elle une admiration justifiée, il s'est comporté comme il devait.

Higgins consulta son carnet noir.

— D'après lui, mademoiselle, vous déteniez certains secrets à propos de Victoria, mais vous avez refusé de les lui communiquer.

— Ils ne le concernaient pas.

— Je veux bien l'admettre, mais acceptez-vous de les révéler à Scotland Yard ?

Le professeur de français hésita.

— Après tant d'années, pourquoi pas... J'ai horreur de la délation et je ne tenais pas à intervenir dans l'existence de Victoria. Mais un ignoble individu s'était comporté envers Victoria d'une façon telle que je me suis sentie moralement obligée de lui donner mon opinion, sans pour autant alerter son frère. C'était à elle, et à elle seule, de prendre sa décision.

— « Ignoble individu », dites-vous...

— Même après la mort de Victoria, je n'ai pas voulu révéler son nom à Steven Mac Doughany. Il n'était pas correct de troubler sa peine. Mais aujourd'hui, et face à vous, c'est différent... D'autant plus que si quelqu'un peut être soupçonné de crime, c'est bien cet Albert Vauxhall ! Il suffisait de le voir une seule fois pour s'apercevoir que le personnage était peu recommandable et n'avait qu'une seule idée en tête : épouser Victoria. Vauxhall n'était pas grossier dans ses manières, mais dans son âme ; il tournait autour de Victoria comme un oiseau de proie.

— Quels étaient ses sentiments à l'égard de ce soupirant ?

— Victoria était une jeune femme naïve, qui ne voyait le mal nulle part. Comme Vauxhall se montrait habile et beau parleur, elle aurait pu être séduite. Par bonheur, je suis intervenue.

— De quelle manière, mademoiselle ?

— En l'affrontant directement. Je lui ai dit ce que je pensais de son personnage et lui ai ordonné de s'écarter de Victoria.

— Quelle fut sa réaction ?

— Horrible et odieuse, inspecteur ! Je ne m'étais pas trompée. À la place de son sourire conquérant est apparu un rictus dédaigneux et cruel. Je me souviens parfaitement de ce qu'il m'a dit : « Fichez-moi la paix, ou il vous en cuira ! Je ne suis pas n'importe qui, mademoiselle, car j'ai appartenu aux services secrets et j'ai conservé des relations nombreuses et influentes. Si vous essayez de m'importuner, vous aurez de graves ennuis. » Ses menaces ne m'ont pas impressionnée ! Au contraire, je lui ai annoncé que je mènerais contre lui une lutte sans merci et qu'il n'épouserait jamais Victoria. Un agent secret, pfff ! S'il croyait me faire peur, ce fut un échec.

— Avez-vous parlé de cette altercation à Victoria ?

— Ni à Victoria, ni à Steven. J'estimais mener un juste combat et j'aurais continué à le mener si cette pauvre petite n'était pas morte. Ne cherchez pas plus loin votre assassin, inspecteur ; puisqu'il avait compris qu'il ne parviendrait pas à conquérir Victoria, ce Vauxhall a préféré la supprimer.

— C'est une terrible accusation, estima Scott Marlow, ébranlé.

— Dans l'enseignement, superintendant, on développe des qualités de psychologue. Cet être-là était foncièrement mauvais et capable du pire, vous pouvez me croire. Si l'on avait eu des soupçons, à l'époque, je n'aurais pas hésité à témoigner contre lui.

— Victoria était-elle croyante ? interrogea Higgins.

Millicent Gyntanil hésita.

— Vous me prenez au dépourvu, je l'avoue... Nous avons beaucoup parlé de littérature, mais jamais de Dieu. En fait, je suis incapable de vous répondre.

— Vous souviendriez-vous d'un évènement bizarre qui se serait produit la veille du décès de Victoria ?

La vieille demoiselle réfléchit.

— La veille... Mais oui, en effet ! J'avais reçu un petit mot de Victoria pour me convier à une surprise. Je n'apprécie guère ce genre de démarche, mais comme c'était elle... La surprise, c'était la réunion de ses amis, dont ce misérable Vauxhall, pour figurer sur une photographie. Une initiative d'un goût douteux, à mon avis, mais je n'ai pas voulu faire de scandale.

— Qui a pris cette photographie ?

— Laissez-moi me souvenir... Le jardinier, je crois. Oui, le jardinier, avec une chambre noire.

— Avait-il des compétences en la matière ?

— Je l'ignore, inspecteur ; moi, je me suis contentée de poser, sans faire un sourire ridicule et déplacé.

— Comment s'appelait ce jardinier ?

— Je ne l'ai jamais su. Nous n'étions pas du même monde, je n'avais donc pas à le fréquenter.

— Pourquoi Victoria souhaitait-elle cette rencontre inattendue ?

— Je l'ignore. Elle était très gaie, riait beaucoup et se déclarait ravie de rassembler enfin toutes les personnes qu'elle aimait et qui l'aimaient. Une fois de plus, j'ai trouvé cette initiative plutôt déplacée et ne correspondant guère aux habitudes et à la politesse innée de cette chère petite. La jeunesse a parfois des folies qu'il faut savoir admettre.

— Vous n'étiez donc pas seule avec M. Vauxhall, sur cette photographie.

— Dieu m'en garde, inspecteur !

— Vous souvenez-vous des autres protagonistes ?

— Est-ce important ?

— Je le crois.

— En ce cas, je veux bien m'en souvenir.

CHAPITRE XIII

Millicent Gyntanil se leva et rectifia la position d'une aquarelle légèrement penchée vers la droite.

— Je déteste les tableaux qui ne tiennent pas exactement à leur place. Les gens aussi, d'ailleurs. Si les individus ne cherchaient pas, sans cesse, à empiéter sur le domaine de leurs voisins, les guerres deviendraient inutiles. Nous avons un immense privilège, messieurs : nous vivons sur une île. Notre frontière, c'est la mer. Tant que l'Angleterre demeurera isolée, elle sera grande.

Lentement, mais sans vaciller, la vieille dame traversa la pièce pour se rasseoir.

— J'aimais bien John Milford, déclara-t-elle, avec un peu de nostalgie dans la voix. Le peintre était à peu près nul, mais l'homme était si gentil ! Comme il était obstiné, il voulait vivre ce qu'il appelait son « art ». Des esprits faibles lui achetaient ses tableaux, et comme les esprits faibles n'ont cessé de se multiplier, il est peut-être devenu millionnaire.

— Victoria ne songeait-elle pas à l'épouser ? demanda Higgins.

— La pauvre petite était un peu indécise ... Mais John Milford lui plaisait, c'est certain. Lui, il l'aimait sincèrement ; Victoria prenait plaisir à le rencontrer, mais demeurait quand même sur la réserve. Je ne crois pas qu'elle éprouvait pour lui une réelle passion.

— Ont-ils parlé de... mariage ?

— John Milford aurait fait un gentil mari, tout à la dévotion de sa jolie épouse. Mais Victoria se serait vite ennuyée et aurait regretté son erreur.

— Peut-être lui reprochait-il de s'amuser ainsi avec lui...

— Je vois où vous voulez en venir, inspecteur, mais vous faites fausse route. John Milford était incapable de nuire à Victoria. Il l'adorait, et il l'aurait adorée encore longtemps, même si elle l'avait repoussé. Ce genre d'homme sans personnalité ne pouvait être que subjugué par une femme comme Victoria. J'émets un jugement similaire sur Dick Stousnill, avec une différence notable : lui était un véritable artiste, un restaurateur et un spécialiste des laques de renommée internationale. Pourtant, il m'apparaissait comme un être presque irréel, détaché des contingences de ce monde. Délicat, trop peut-être, il conversait des heures durant avec Victoria. Leurs sujets favoris étaient l'art et la littérature. C'est le plus incroyable amoureux transi qu'il m'ait été donné d'observer.

— Victoria était-elle émue par l'attitude de Dick Stousnill ?

— Émue... Oui, c'est le terme exact. Émue, pas davantage.

— Pouvait-il avoir une réaction violente ?

— Pas plus que John Milford. Dick Stousnill était un tendre, un rêveur égaré dans le passé. Ce n'était certes pas le cas de cette insupportable infirmière, Peggy Tuesday ! J'aimais beaucoup Victoria, mais je lui reprochais cette amitié-là. Non seulement cette fille n'était pas du tout de notre monde, mais encore se montrait-elle critique et impolie ! Pour ma part, je lui aurais volontiers donné le fouet pour lui remettre les idées en place.

Scott Marlow, qui vénérait l'époque victorienne et regrettait la grandeur de l'empire, fut pourtant choqué par l'extrême sévérité de la vieille demoiselle.

— Vous êtes-vous heurtée à Peggy Tuesday ? interrogea Higgins.

— Je pense bien ! À plusieurs reprises, j'ai remis cette fille à sa place, et elle a eu l'intelligence de m'écouter. Parce qu'elle se croyait capable de soigner n'importe quelle maladie, et parce qu'elle massait Victoria, elle s'imaginait presque propriétaire du château.

— Vous semblait-elle qualifiée ?

— Qualifiée et énergique, oui... Mais terriblement vulgaire et incapable de sortir de la *low class*[1] à laquelle elle appartenait. Décidément, l'égalité n'est qu'un leurre. Et puis... Cette Peggy Tuesday m'a même paru inquiétante, au moins en une occasion... Alors que je lui demandais de se comporter d'une manière plus correcte envers Victoria, elle m'a révélé qu'elle ne l'aimait pas et qu'elle ne l'aimerait jamais. « Pourquoi ? », lui ai-je demandé. Elle s'est contentée de hausser les épaules. Et nous n'avons plus eu l'occasion d'aborder ce sujet.

— Une femme dangereuse, d'après vous ?

— Elle avait la capacité de nuire, c'est certain. De là à l'accuser de meurtre...

— Victoria se montrait-elle élogieuse à l'égard de Peggy Tuesday ?

---

1. La « basse classe ».

— Elle appréciait ses compétences professionnelles et son amour du travail. Des qualités indéniables, je l'admets, mais qui ne transforment pas le plomb en or. J'ai suggéré à Victoria de se priver des services de cette personne et de lui trouver une remplacante, mais ma chère élève était fidèle en amitié. Aussi n'ai-je pas insisté.

Higgins prenait des notes sur son carnet noir.

— Est-ce une manie ou une méthode, inspecteur ?

— Sans doute les deux, mademoiselle.

— Eh bien, continuez. L'écrit est la seule valeur capable de maintenir un semblant de civilisation dans ce monde décadent. Tant qu'une main maniera un crayon pour dessiner des mots qui ont du sens, notre cerveau ne sera pas tout à fait inutile.

— Vous ne semblez guère optimiste sur l'avenir de notre société.

— Seuls les imbéciles peuvent l'être ! Mais il nous restera quelques bons auteurs pour nous consoler.

— Connaissez-vous la poétesse Harriett J.B. Harrenlittlewoodrof ?

— Avec ce nom-là, ce ne doit pas être une Française.

— Non, mais ses œuvres vous intéresseront ; je vous ferai parvenir ses *Odes à la campagne d'automne*. Avez-vous énuméré toutes les personnes présentes sur la photographie ?

— Je ne vous ai pas encore parlé d'une sorte de dandy au cerveau fragile, le duc Ornatus, un nobliau ruiné qui se croyait encore au XVIIIe siècle, avec tous les privilèges d'un aristocrate aux pieds duquel chacun devait se prosterner. Odieux, prétentieux, insupportable et dépassé : on ne saurait le décrire plus fidèlement. Une seule qualité : il aimait vraiment Victoria. À sa manière, mais il l'aimait. Pour être franche, ils auraient formé un beau couple, si le duc avait été riche et, surtout, s'il n'avait pas été l'esclave de l'alcool.

— Donc, un homme sous l'emprise d'une drogue qui l'entraînait à se comporter d'une façon inattendue.

— Inattendue, mais pas dangereuse ! Ce malheureux duc était plus doux qu'un agneau. La mort de Victoria fut l'anéantissement de son dernier rêve.

La vieille demoiselle passa l'index droit sur le discret saphir qu'elle portait au petit doigt de la main gauche.

— Voilà, messieurs, je vous ai tout dit.

— N'auriez-vous pas oublié une certaine Raphaëla Kusdick ?

— Non, inspecteur, car personne ne peut se souvenir du néant. Cette femme était plus que médiocre et incarnait les défauts les plus méprisables : plaire à tout prix, arrivisme, ambition, esprit de compétition poussé jusqu'à l'absurde. Une femme sportive... quelle horreur ! Par chance, je n'ai échangé aucun mot avec elle. Mais savait-elle seulement s'exprimer ?

— N'était-elle pas la meilleure amie de Victoria ?

— Ne galvaudons pas un terme sacré comme celui de l'amitié, inspecteur ; cette Raphaëla était une camarade de jeux, rien de plus. Victoria se serait vite lassée de cette petite peste, j'en suis certaine.

— Était-elle jalouse de Victoria ?

— Elle aurait pu l'être, en effet, car Victoria possédait toutes les qualités que cette pimbêche de Raphaëla n'aurait jamais ! Il n'y a vraiment rien de plus à en dire. Désolée de n'avoir aucun indice à vous fournir contre elle. Mais à mon tour de vous poser une question, inspecteur : tout cela est-il bien sérieux ? Vingt-huit ans après la mort tragique de Victoria, l'espoir de découvrir la vérité est infime.

— Si mince soit-il, il nous servira de guide.

— J'aime les êtres obstinés, monsieur Higgins.

— Avez-vous d'autres souvenirs sur cette période, mademoiselle ?

— Il me semble vous avoir tout dit ; du moins, pour le moment. À mon âge, on a forcément quelques absences. Vous me les pardonnerez, j'espère ?

Millicent Gyntanil se leva, signifiant que l'entretien était terminé.

— Si vous parveniez à combler ces absences, mademoiselle, auriez-vous l'obligeance d'appeler Scotland Yard ?

— Je n'ai jamais reculé devant mon devoir, inspecteur.

CHAPITRE XIV

Quand Higgins et Scott Marlow sortirent de chez Millicent Gyntanil, une pluie violente s'abattit sur Londres. Les deux hommes se refugièrent dans la vieille Bentley.

— Un sacré caractère ! constata Marlow. On lui donnerait une dizaine d'années de moins. Elle m'a impressionné, je l'avoue. Néanmoins...

— Des soupçons, mon cher Marlow ?

— J'ai l'impression que Millicent Gyntanil ne nous a pas tout dit.

— C'est bien possible.

La sonnerie du téléphone de voiture résonna, le superintendant décrocha.

— Oui, Marlow... Qui ?... Oui, entendu. Nous y allons.

Le superintendant raccrocha.

— J'ai les adresses des deux collaborateurs de Steven Mac Doughany, indiqua-t-il.

— Excellent, apprécia Higgins.

Avec une habileté remarquable pour son âge, la Bentley se faufila dans les embouteillages jusqu'au quartier de Chelsea où John Voss habitait dans un immeuble de briques roses, de style flamand, au deuxième étage ; ce type de maison incarnait le charme d'un quartier où artistes et écrivains aimaient résider.

C'est un petit homme voûté, presque chauve, au visage fatigué, qui ouvrit lentement la porte après que Scott Marlow eut décliné son identité et celle de Higgins.

— Scotland Yard chez moi... Mais pour quelle raison ?

— Dans le cadre d'une enquête, répondit le superintendant, nous avons besoin de vérifier quelques détails.

— À mon propos ? s'étonna John Voss.

— Non, à propos de votre supérieur hiérarchique, Steven Mac Doughany.

Le fonctionnaire parut très étonné.

— Monsieur Mac Doughany... C'est un homme irréprochable !

— Nous n'en doutons pas, mais nous aimerions quand même vous poser quelques questions.

— Entrez, je vous prie.

L'intérieur de John Voss était neutre et propret. Aux murs, des reproductions d'aquarelles consacrées à Big Ben.

— C'est mon monument préféré, révéla le fonctionnaire. Savez-vous que c'est l'horloge monumentale la plus précise du monde et que son carillon est un air du messie de Haendel ? Big Ben est l'âme de Londres. Vous prendrez bien un verre de whisky ?

— Nous sommes en service, objecta Marlow.

— J'ai servi l'État, moi aussi, mais il faut parfois s'adapter aux circonstances, ne croyez-vous pas ?

Le regard approbateur d'Higgins permit au superintendant d'étancher sa soif. Le whisky de John Voss était tout à fait acceptable.

— La retraite a beaucoup d'avantages, avoua John Voss, mais je m'en tiens pourtant à mes horaires de bureau, comme si j'allais encore travailler. On n'efface pas aisément une vie de travail, mais l'on peut s'autoriser à des petites fantaisies comme un verre avant le déjeuner. Ce n'est pas le genre d'entorses au règlement que nous aurait autorisées M. Mac Doughany.

— Était-ce un patron sévère ? demanda Higgins.

— Sévère, exigeant et rigoureux pour lui-même comme pour autrui. L'atmosphère du bureau n'était pas très gaie, mais nous n'allions pas au bureau pour nous amuser. Au moins, nous ne manquions jamais de fournitures, et nos tâches nous étaient attribuées avec précision.

— Steven Mac Doughany était-il un travailleur acharné ?

— Ça, vous pouvez le dire ! D'une ponctualité exemplaire, il n'hésitait pas à rester tard au bureau pour terminer l'étude d'un dossier et revenait même le week-end lorsqu'il n'était pas satisfait. Si l'État n'employait que des fonctionnaires de ce calibre, le Royaume-Uni serait géré à la perfection.

— Vous n'aviez donc rien à lui reprocher.

— Rien, inspecteur, vraiment rien, bien qu'il fût autoritaire et assez peu aimable. C'était son caractère, et il fallait bien s'y habituer. Mais vous, vous avez des griefs contre lui, on dirait !

— Nous souhaitons simplement vérifier quelques détails, et votre collaboration nous est indispensable.

— Des détails... De quel ordre ?

— Les faits remontent à vingt-huit ans.

Étonné, John Voss se laissa tomber dans un fauteuil fatigué et pria ses visiteurs de s'asseoir.

— À vingt-huit ans... Comment mon témoignage serait-il fiable ?

— Essayons tout de même.

— Comme vous voudrez, inspecteur.

— Il y a vingt-huit ans, le 7 novembre, un drame est survenu dans la vie de Steven Mac Doughany. Sa sœur s'est tuée accidentellement. Vous en a-t-il parlé ?

— Oui, en effet... Il était bouleversé, mais n'a pris qu'une journée de congé, pour l'enterrement.

— Ce 7 novembre, est-il arrivé au bureau à son heure habituelle ?

— Jamais M. Mac Doughany n'est arrivé en retard au bureau. Tous les matins, il était là à huit heures.

— Ce 7 novembre, a-t-il modifié son comportement avec vous ?

John Voss fronça les sourcils.

— Pour être franc, je ne me souviens pas de ce qui s'est passé ce jour-là... Mais si M. Mac Doughany avait agi d'une façon bizarre, cela m'aurait frappé ! Tout au long de notre collaboration, il fut toujours le même.

John Voss se versa un deuxième verre de whisky. Persuadé que la journée risquait d'être longue, Marlow refusa héroïquement.

— Vingt-huit ans, c'est si loin, déplora le fonctionnaire. J'aimerais vous aider davantage, mais je perds un peu la mémoire.

Higgins montra à John Voss la photographie prise devant le château de Treadstone et rassemblant les amis de Victoria, et la liste de leurs noms.

— Connaissez-vous l'une de ces personnes, monsieur Voss ?

L'ex-subordonné de Steven Mac Doughany se pencha longuement sur les documents.

— Non, je n'en connais aucune... Et ces noms ne me disent rien.

— Que saviez-vous de la vie privée de votre patron ?

— Mais... Rien, inspecteur ! Ce n'était pas un sujet que l'on abordait au bureau, et il eût été inconvenant de le faire. Nous savions seulement que M. Mac Doughany avait un château de famille, mais personne n'aurait osé le questionner sur ce point.

— Sa sœur est-elle venue au bureau ?

— M. Mac Doughany ne recevait que des professionnels, pas des membres de sa famille !

— Comment se déroulaient vos journées de travail ?

— De manière immuable. Dès son arrivée, M. Mac Doughany nous convoquait, mon collègue Henry Abkin et moi-même, et nous donnait ses directives. Ensuite, il recevait deux ou trois visiteurs, pas davantage, puis se consacrait à ses dossiers. Parfois, il partait sur le terrain pour procéder à des vérifications.

— Et ce 7 novembre, aucun incident n'a perturbé l'ordre habituel.

John Voss porta la main à son front.

— J'ai la migraine et c'est si loin... Mais mon collègue Abkin pourrait sans doute être plus précis que moi ! Il est à la retraite, lui aussi, mais il a peut-être conservé un document qui vous intéressera.

— De quoi s'agit-il ?

— D'un petit carnet sur lequel il notait les rares évènements inhabituels qui mettaient un peu de fantaisie dans notre routine. Il s'était promis de le relire quand il aurait définitivement quitté le bureau.

— Vous l'a-t-il montré ?

— C'était son secret. Il m'en a simplement parlé, une semaine avant notre retraite. J'avais bien remarqué qu'il prenait des notes, de temps à autre, mais je ne m'étais pas permis de lui en parler. Abkin était un fonctionnaire remarquable, mais d'un caractère difficile.

— L'avez-vous revu, récemment ?

— Non, ce n'était pas un ami. Seulement un collègue.

À l'évidence, John Voss ne supportait pas l'alcool. Son regard s'éteignait, et il ne tarderait pas à s'endormir.

Higgins prit congé, avec l'espoir que le témoignage d'Henry Abkin serait moins flou.

Un bobby à l'uniforme impeccable dressait procès-verbal à la Bentley du superintendant pour stationnement interdit. Comme Marlow avait oublié ses papiers, le policier persista à appliquer la loi dans toute sa rigueur, malgré la tentative de médiation d'Higgins.

Et ce fut un superintendant furibond qui sollicita l'accélérateur de la vieille voiture en direction de Whitechapel.

CHAPITRE XV

Henry Abkin habitait non loin de la Whitechapel Bell Foundry dont la spécialité avait consisté à fondre les plus grandes cloches du monde dont celle de Big Ben. La création de cette fonderie, au XVIIIe siècle, avait marqué le début de l'expansion industrielle de Londres, prête à devenir la capitale d'un immense empire.

Depuis l'époque des crimes de Jack l'Éventreur, le quartier de Whitechapel avait changé, de nombreuses maisons avaient été restaurées. Mais lorsque la pluie se transformait en crachin et quand un brouillard épais empêchait les passants d'y voir à plus d'un mètre, le spectre du terrifiant tueur rôdait encore dans les ruelles. Scott Marlow, qui ne manquait pas de courage, fut pris d'un frisson en sortant de la Bentley.

— Sale temps, déclara-t-il.

L'immeuble d'Henry Abkin était noirci par la fumée des voitures. Il n'y avait pas de concierge, et la porte d'entrée s'ouvrit en grinçant. Comme l'ampoule du petit hall était grillée, on n'y voyait goutte.

Comme les chats, Higgins pouvait se déplacer dans l'obscurité.

— Attendez-moi, superintendant ; je monte au premier. Peut-être existe-t-il une minuterie sur le palier.

Scott Marlow n'était guère à l'aise. Le vieil immeuble gémissait, comme si les murs de briques émettaient des plaintes.

— Vous avez trouvé, Higgins ?

L'ex-inspecteur-chef ne répondit pas.

Non seulement Marlow avait laissé ses papiers dans son bureau du Yard, mais aussi son arme de service. Et son collègue avait toujours refusé d'en porter une.

— Higgins, où êtes-vous ?

Une lumière blafarde éclaira l'intérieur de l'immeuble.

— Montez au second, mon cher Marlow, et faites attention : les marches sont glissantes.

Soudain, le superintendant eut le sentiment d'être épié. Il se retourna, jeta un œil dans la rue, vit une silhouette disparaître dans le brouillard, et rentra dans l'immeuble. Une idée absurde lui traversa l'esprit : et si John Voss les avait envoyés dans un piège, s'il était complice d'Abkin ? Mais complices de quoi... Ces supputations étaient ridicules.

Marlow grimpa avec prudence.

Immobile sur le palier du deuxième étage, Higgins examinait une porte sur laquelle avait été apposée une élégante plaque dorée au nom d'Henry Abkin.

En bon professionnel, Scott Marlow fit aussitôt la même constatation que son collègue.

— Cette porte a été forcée !

Higgins la poussa lentement. Elle s'ouvrit.

— Prenez garde, Higgins, murmura Marlow, le cambrioleur est peut-être à l'intérieur.

L'ex-inspecteur-chef savait se mouvoir sans un bruit. Lors de son adolescence, en Orient, il avait appris à maîtriser sa peur et à faire de la mort une amie privilégiée qui, un jour, lui donnerait un baiser fatal.

Marlow sentait le danger. Depuis qu'ils étaient entrés dans cet immeuble de Whitechapel, cette enquête avait brusquement changé de nature.

L'appartement était plongé dans les ténèbres. Un bruit régulier, évoquant celui d'un marteau frappant sur un clou, provenait de la pièce du fond, à l'extrémité du couloir étroit.

L'individu qui s'était introduit par effraction dans l'appartement d'Henry Abkin était encore là.

Soudain, une lumière crue.

Marlow fonça, dépassa Higgins et s'abattit comme un oiseau de proie sur un homme accroupi près de la fenêtre du salon cossu.

— Scotland Yard, vous êtes en état d'arrestation !

Quoique de bonne stature et raisonnablement corpulent, l'individu n'était pas de taille à résister à Scott Marlow qui, après l'avoir ceinturé, lui maintenait un bras derrière le dos.

— Vous avez perdu la tête, ou quoi ? protesta l'homme. Qu'est-ce que vous faites chez moi ?

— Comment, chez vous ?

— Je m'appelle Henry Abkin et je suis chez moi !

— Mais... La porte fracturée, l'absence d'électricité...

— Ce n'était pas mon jour ! Comme j'ai perdu mes clés, j'ai été obligé de forcer ma propre porte avec la clé anglaise qui m'avait servi à réparer ma bicyclette et, pour couronner le tout, j'ai fait sauter les plombs. Au moment où j'ai rétabli l'électricité, le Yard me tombe dessus !

Scott Marlow relâcha sa prise.

— Toutes nos excuses, monsieur Abkin ; je suis le superintendant Marlow, et voici mon collègue l'inspecteur-chef Higgins.

— Je ne vous dirai pas que je suis enchanté de vous voir... Alors, qu'est-ce que vous me voulez ?

— Vous poser quelques questions dans le cadre d'une enquête, révéla Higgins.

Henry Abkin resta bouche bée quelques secondes.

— Celle-là, c'est la meilleure ! Une enquête, à présent... À se demander si, ce soir, je ne vais pas être pendu !

— Le destin est parfois facétieux.

— Drôle de facéties... Vous m'accordez quand même l'autorisation de me laver les mains ?

Sans attendre la réponse, Henry Abkin s'engouffra dans la salle de bains.

Higgins profita de son absence pour découvrir l'appartement. Les meubles étaient de qualité, la moquette également, les papiers peints d'un goût acceptable. Bref, un cadre bourgeois, sans grande originalité, à l'exception de pages de journaux populaires clouées aux murs et rappelant les sinistres exploits de Jack l'Éventreur, avec une profusion de dessins pseudo-réalistes plus terrifiants les uns que les autres.

Rafraîchi, les cheveux tirés en arrière, Henry Abkin sortit de la salle de bains. L'homme paraissait vigoureux et combatif.

— Ce n'est pas tout ça, messieurs ! Il existe encore une liberté individuelle, dans ce pays. Avez-vous un mandat ?

— Non, répondit Scott Marlow.

— Alors, sortez de chez moi !

— Auriez-vous quelque chose à vous reprocher ? demanda Higgins, sévère.

La question surprit le fonctionnaire.

— Moi ? Bien sûr que non !

— En ce cas, pourquoi ne pas répondre à nos questions ?

— Parce que... Parce que !

— À votre guise, monsieur Abkin, intervint Scott Marlow, féroce ; dans moins d'une heure, vous recevrez une convocation à Scotland Yard en bonne et due forme, et je vous garantis que nous vous réserverons un traitement spécial.

— Par tous les diables, qu'est-ce que j'ai fait pour être soumis à ce tir d'artillerie ? Je ne suis quand même pas un criminel !

— Laissez-nous vérifier, monsieur Abkin.

— Bon, bon, ne nous fâchons pas... Vous et moi appartenons à la fonction publique et sommes au service de l'État. Nous n'allons quand même pas nous quereller pour si peu ? Un verre de brandy devrait faire baisser la température.

— Vous avez un goût immodéré pour Jack l'Éventreur, remarqua Higgins.

— Moi ? Pas du tout ! La décoration est l'œuvre de mon propriétaire.

— Vous auriez pu la modifier.

— Quelle importance ? Cet appartement est confortable, c'est l'essentiel. Un verre ?

— Jamais pendant le service, trancha Scott Marlow.

— Je me sers. Depuis que je suis à la retraite, je peux m'offrir quelques petits plaisirs.

— Si nous parlions de votre travail ? proposa Higgins.

CHAPITRE XVI

— Pas ça, inspecteur, surtout pas ça ! Le bureau, la routine, les ordres de mes supérieurs... Enfin, c'est terminé et je n'ai pas envie de faire des heures supplémentaires.

— Désolé d'insister, monsieur Abkin, mais il est indispensable que vous évoquiez vos conditions de travail.

L'ex-fonctionnaire s'affala sur un canapé de cuir marron. Marlow resta debout devant la fenêtre, Higgins s'assit sur une chaise Tudor et sortit son carnet noir.

— Mes conditions de travail... Mais elles étaient des plus ordinaires et n'avaient rien de passionnant, je vous assure !

— Votre patron se nommait bien Steven Mac Doughany ?

— Exact, inspecteur.

— Un homme agréable ?

— Froid, sec et distant, mais un fonctionnaire irréprochable et au-dessus de tout soupçon.

— Donc, ponctuel ?

— Vous pouvez le dire ! Malgré les embouteillages, il était toujours là à huit heures, comme son personnel. Pourtant, il venait de loin et avait au moins une heure et demie de route. Il mettait un point d'honneur à travailler plus que ses subordonnées, restait souvent tard le soir et revenait même le week-end pour avancer les dossiers. Un véritable acharné !

— Vous a-t-il invité dans son château ?

— Ce n'était pas vraiment son genre ! Mac Doughany était plutôt courtois, d'accord, mais il gardait ses distances et n'a jamais montré le moindre signe de familiarité.

Higgins demanda à Henry Abkin d'examiner la photographie et la liste des amis de Victoria.

— Qui sont ces gens-là ?

— Vous n'en connaissez aucun ?

— Aucun.

— Que saviez-vous de la vie privée de M. Mac Doughany ?

— Pratiquement rien : il était célibataire et avait une sœur dont j'ai oublié le nom. La seule vie de Steven Mac Doughany, c'était son bureau : pour lui, la retraite a dû être un choc insupportable. Il aurait préféré travailler jusqu'à son dernier souffle ; si l'on me disait qu'il a reconstitué chez lui son atmosphère de labeur ou bien qu'il invente des histoires extraordinaires pour se distraire, ça ne me surprendrait pas.

— Vous souvenez-vous de ce qui s'est passé le 7 novembre, il y a vingt-huit ans ?

Henry Abkin roula des yeux étonnés.

— Vous vous moquez de moi, inspecteur ?

— Au contraire, j'ai besoin de votre témoignage.

— Ma mémoire n'est pas celle d'un ordinateur !

— Le nom de John Voss doit vous être familier.

— Bien entendu ! C'était mon plus proche collègue ; nous avons pris notre retraite à peu près à la même date.

— L'avez-vous revu depuis ?

— Non, on ne s'est même pas communiqué nos adresses. Notre existence commune s'est interrompue sur le seuil du bureau, nous n'avons même pas eu l'idée de nous connaître dans le privé. Pourtant, on s'appréciait ; quand Mac Doughany nous donnait des consignes, le matin , nous avions même un clin d'œil complice. Face à l'adversité, on s'entraidait.

— Je suppose que monsieur Voss n'avait pas l'habitude de mentir.

— Certes pas !

— Nous l'avons rencontré, il nous a fait une confidence : vous preniez des notes sur les événements exceptionnels qui colorèrent votre routine.

Le visage d'Henry Abkin se ferma.

— Voss avait bu, n'est-ce pas ? Les derniers mois, par peur d'une retraite qui serait proche du vide, il se réconfortait avec du whisky. En vous racontant cette fable, il a voulu se rendre intéressant.

— Je suis persuadé du contraire, dit Higgins avec calme ; ce carnet est ici, et vous allez nous le montrer.

— Hors de question.

— Soyez raisonnable, intervint Scott Marlow ; il n' y a rien de plus désagréable qu'une perquisition.

— Autrement dit, je n'ai pas la moindre chance de vous échapper... Bon, je vais vous le montrer, ce carnet, mais vous n'y trouverez rien d'intéressant.

Henry Abkin se leva et plongea la main dans le tiroir d'une commode d'où il sortit le document.

— Consultez-le à la date du 7 novembre, il y a vingt-huit ans, demanda Higgins.

L'ex-fonctionnaire feuilleta le carnet et lut quelques pages.

— Vous avez raison, inspecteur, ce fut une période inhabituelle et intéressante... Je m'aperçois que, le 8, Steven Mac Doughany nous a appris la mort accidentelle de sa sœur. Il n'a pourtant pris qu'un jour de congé pour l'enterrement.

— Que s'est-il passé le 7 ?

— J'ai justement pris des notes sur ce jour-là, parce qu'il fut différent des autres.

— Steven Mac Doughany serait-il arrivé en retard ?

— Non, il fut ponctuel comme d'habitude, et il nous a réunis, John Voss et moi, pour nous donner ses directives. Ce matin-là, Mac Doughany n'avait pas de rendez-vous. Il se rendit aux archives pour y chercher un dossier et revint presque aussitôt, en nous annonçant qu'il y avait eu une tentative de cambriolage sans gravité, puisque rien n'avait été volé.

— L'avez-vous constaté par vous-même ?

— Moi, oui, puisque le classement faisait partie de mes activités, pas John Voss. De fait, quelqu'un avait éparpillé des feuillets et sorti des chemises cartonnées, mais il ne manquait rien. Bien que l'incident fût mineur, Mac Doughany était tenu de le signaler à la police. Après avoir rédigé un rapport, il partit pour le commissariat vers 11h30 et revint en début d'après-midi sans avoir eu le temps de déjeuner.

— L'enquête a-t-elle abouti ?

— Non, inspecteur ; mais qui pouvait avoir intérêt à dérober des dossiers techniques concernant l'entretien des canaux du nord de l'Angleterre ? Nous ne sommes en concurrence avec personne. Néanmoins, Mac Doughany prit des mesures de sécurité : la porte des archives fut équipée d'une nouvelle serrure que seuls lui et moi étions autorisés à ouvrir avec une clé accrochée dans son bureau, près de son portemanteau.

— Y eut-il d'autres tentatives de cambriolage par la suite ?

— Non, inspecteur.

— Avez-vous noté les conditions climatiques de ce 7 novembre ?

— J'avoue que non.

— D'autres faits extraordinaires à nous signaler, après cette date ?

Henry Abkin évoqua le vol d'une dizaine de trombones, une altercation avec une femme de ménage en retard, une panne d'électricité, le remplacement d'une vieille moquette et quelques autres péripéties de son existence bureaucratique.

— Merci pour votre collaboration, dit Higgins, rassurant.

— Ai-je été utile ?

— Très utile.

CHAPITRE XVII

Higgins et Marlow déjeunèrent au George, l'un des pubs les plus anciens de Londres, dont l'enseigne représentait le saint en chevalier médiéval, héroïque sur son cheval blanc, et luttant contre un affreux dragon. Les païens prétendaient que la pauvre bête tirait la langue pour signifier qu'elle était morte de soif et qu'elle souhaitait déguster au plus vite une pinte de bière.

Les deux hommes choisirent un Lancashire Hot Pot, qui se composait de côtelettes d'agneau avec des tranches de bacon, des oignons hachés, de la sauce Worcestershire, du thym séché, des pommes de terre coupées en tranches et des carottes. Dès que Marlow eut repris un peu d'énergie et mis ses idées en place, il attaqua.

— Ce John Voss nous a menti par omission, affirma-t-il.

— Je ne le pense pas, objecta Higgins. Comme nous l'avons constaté, il est en mauvaise forme physique et sa mémoire lui joue des tours. De plus, l'incident l'a beaucoup moins frappé que son collègue qui, lui, était préposé au rangement des archives.

— Admettons, Higgins ; mais vous n'en direz pas autant de Steven Mac Doughany ! Lui ne peut avoir oublié cet incident-là, un jour pareil ! L'a-t-il évoqué devant vous, d'une manière ou d'une autre ?

— Non, mon cher Marlow.

— C'est troublant.

— Très troublant, admit Higgins.

Un policier en uniforme traversa le pub, reconstruit à l'identique après le grand incendie qui avait ravagé Londres en 1666, salua le superintendant, et lui remit une feuille de papier.

— J'ai eu raison de signaler notre position, conclut Marlow, martial. Nous avons les adresses de Peggy Tuesday et d'Albert Vauxhall. Souhaitez-vous que nous interrogions d'abord Steven Mac Doughany ?

— Rien ne presse, nous savons où le trouver.

— Un petit dessert, une petite pinte de bière, et nous y allons. Je ne sais pas pourquoi, Higgins, mais cette enquête me plaît. Au moins, elle me permet de sortir de mon bureau et d'oublier un peu l'administration. Le travail sur le terrain, ça vous redonne une nouvelle jeunesse.

Fenchen Street était une petite rue de l'East End qui présentait la particularité d'offrir à ses habitants un jardinet qui serait bientôt sacrifié aux promoteurs immobiliers. En attendant ce triste jour, Peggy Tuesday avait décidé de profiter d'un pâle soleil qui faisait monter la température à douze degrés et demi ; aussi avait-elle déplié une chaise longue, après s'être vêtue d'un chemisier rose et d'un short blanc, et s'être coiffée d'un chapeau de paille.

Au moment où elle s'allongeait, deux ombres cachèrent son soleil. À soixante-huit ans, Peggy Tuesday avait l'énergie d'une jeune femme. Furieuse, elle bondit en direction des deux hommes qui contrariaient ainsi sa sieste.

— Pour qui vous prenez-vous ? Vous me gênez et vous m'importunez ! Décampez immédiatement et n'oubliez pas de vous excuser.

— Je suis le superintendant Marlow, madame, et voici mon collègue, l'inspecteur-chef Higgins.

— Mademoiselle, pas madame. Quel genre de bandit cherchez-vous ?

— Eh bien... Nous aimerions vous poser quelques questions.

— Des questions... à moi ? Vous devez vous tromper d'adresse.

— Non, mademoiselle.

— Vous voulez... me passer à tabac ?

— Bien sûr que non ! Vous pourriez nous apporter quelques éclaircissements dans le cadre d'une enquête délicate que nous menons.

Rousse, au visage ingrat parsemé de grains de beauté, une forte carrure, Peggy Tuesday dévisagea Higgins avec un œil agressif.

— Pourquoi vous ne dites rien ?

— J'attendais que vous m'invitiez à m'exprimer, mademoiselle ; souhaitez-vous que nous conversions ici ou à l'intérieur ?

La voix calme et posée de Higgins apaisa la fureur montante de Peggy Tuesday. Le début d'une ondée apporta la réponse.

— Bon, entrez... Mais mettez les patins. Je viens de cirer mon parquet et je n'ai pas envie de recommencer.

De fait, le parquet du petit appartement de Peggy Tuesday était impeccablement ciré. Les patins, eux, avaient beaucoup souffert. Marlow eut quelque peine à se déplacer, mais se fixa sur le rythme régulier de son collègue qui se dirigea vers l'un des trois fauteuils victoriens qui étaient le principal ornement d'un salon conventionnel aux murs de couleur crème.

Visiblement, Peggy Tuesday ne roulait pas sur l'or.

— Asseyez-vous, messieurs. J'ai horreur de discuter debout.

— Êtes-vous toujours infirmière, mademoiselle ?

Peggy Tuesday s'enflamma.

— Ah, c'était donc ça ! On m'a dénoncé à la police ! C'est sûrement cette maudite voisine, à qui j'ai refusé une piqûre parce qu'elle voulait discuter les prix. Eh bien oui, je ne me contente pas de ma retraite et je continue à pratiquer mon métier quand ça me plaît. C'est peut-être illégal, mais je mène mon existence comme je l'entends. Et tant pis pour les amendes, tant pis pour la prison ! Je vais leur dire ce que je pense, aux juges, et leurs oreilles corneront, comme d'habitude !

— Rassurez-vous, dit Higgins, notre visite n'a aucun rapport avec vos activités professionnelles.

L'infirmière parut surprise.

— Ah bon... Mais alors...

— Nous voudrions vous parler d'une très vieille histoire, qui s'est produite il y a vingt-huit ans.

— Un 7 novembre, c'est ça ?

— Exactement.

— La mort de Victoria qui remonte à la surface, si longtemps après... Pour quelle raison ?

— Vous avez une excellente mémoire, mademoiselle.

— Mourir en tombant d'une tour médiévale, ce n'est quand même pas une mort banale !

— Et Victoria Mac Doughany était votre amie, n'est-ce pas ?

L'infirmière fit la moue.

— Elle était belle et intelligente, menait une existence aisée, trop aisée, et avait beaucoup de bonheur, trop de bonheur... N'est-ce pas injuste pour les autres ? Un jour ou l'autre, le malheur tombe. Et c'est normal.

— N'êtes-vous pas cruelle ?

— Cruelle, moi ? Je dis tout haut ce que tout le monde pense tout bas. La plupart des gens rament pour s'en sortir... Quand un riche a des ennuis, ça ne me fait pas pleurer.

— Victoria n'était donc pas votre amie.

— Je la connaissais et je la massais quand elle avait mal au dos. Rien à voir avec l'amitié.

— La détestiez-vous ?

— Au fond, oui ! Elle avait tout ce que je n'avais pas. Un château, vous imaginez ! Moi aussi, j'aurais aimé vivre dans un château. Mais je n'étais qu'une domestique, et on ne me payait pas royalement. Et puis elle m'énervait, cette petite, à vouloir me caresser dans le sens du poil ! La diplomatie, c'est pour les hypocrites.

— Pourquoi avez-vous quitté précipitamment la région, après la mort de Victoria ?

— Ça vous intéresserait de le savoir, hein ?

CHAPITRE XVIII

Peggy Tuesday frappa du poing sur l'accoudoir de son fauteuil.

— Eh bien, j'ai fait ce que j'ai voulu, un point c'est tout ! J'étais restée trop longtemps dans le coin, et j'avais tort de masser cette châtelaine de pacotille. Grâce à sa mort, je me suis sentie comme libérée. Cap sur Londres, et adieu la province ! Voilà tout mon secret, inspecteur.

Higgins consulta son carnet noir.

— D'après Steven Mac Doughany, vous vous querelliez souvent avec sa sœur.

— C'est vrai, et alors ? Nous n'étions d'accord sur rien, et je ne manquais pas de le lui faire savoir. Steven... Un brave type, sans intérêt, complètement englué dans ses valeurs familiales périmées, mais un brave type. Pendant que cette écervelée de Victoria perdait une fortune en restaurant son château, lui, au moins, il travaillait.

— Vous n'êtes pas croyante, avança Higgins.

— Qu'est-ce que ça peut vous faire, inspecteur ? Non, je ne suis pas croyante. Les sornettes enseignées par les religions sont bonnes pour les gamins.

— Victoria, elle, l'était.

— Je l'ignorais et je m'en moquais.

— N'a-t-elle pas tenté de vous convaincre de la nécessité de la foi ?

— Sûrement pas ! Et si elle avait osé, je l'aurais gifflée. Vous aimez les gâteaux secs ?

— Eh bien...

— Moi, j'adore ça et j'en mange à toute heure, sans que ça me fasse grossir. Je ne vous en propose pas, car il faut savoir les manger sans faire de miettes, et vous ne saurez pas.

Peggy Tuesday se leva et s'empara d'une boîte en fer contenant des gâteaux secs qu'elle dévora à belles dents.

— Vous souvenez-vous d'une photographie prise la veille de la mort de Victoria ?

— Ah ça oui, une vraie mascarade voulue par la châtelaine ! Son invitation ne précisait pas ses projets, sinon je ne serais pas allée à Treadstone. On m'a piégée, et j'ai posé avec les autres, comme à l'école, pour une stupide photo de groupe ! Je me le reproche encore aujourd'hui.

— Qui a pris cette photo ?

— Le stupide jardinier de Treadstone, une sorte de singe bourru auquel Victoria a montré comment appuyer sur un bouton.

— Vous souvenez-vous de son nom ?

— Padgill, Pudgill, quelque chose comme ça...

— Avez-vous des contacts avec lui ?

— Cet homme des bois ? Vous me prenez pour qui !

— Comment s'est comportée Victoria Mac Doughany ce jour-là ?

— Elle riait et plaisantait.

— Il s'agissait d'une réunion amicale, si je ne m'abuse ?

— Aux yeux de Victoria, sûrement, mais pas aux miens ! Je détestais tous ses amis, à l'exception de

Raphaëla Kusdick, une fille formidable, gaie et belle. Victoria ne méritait pas une telle amie ; elle lui évitait au moins de s'acoquiner avec l'un des imbéciles qui tournaient autour de la châtelaine. Si le petit Steven avait été intelligent, il aurait épousé Raphaëla ; mais il n'avait pas la santé.

— L'avez-vous revu pendant ces vingt-huit dernières années ?

L'infirmière hésita.

— Non, non... Pourquoi l'aurais-je revue ? Chacun sa vie. Et je déteste les rencontres comme celle que Victoria m'a imposée ce jour-là. Quand je pense à ce John Milford, ce parfait imbécile heureux, satisfait de ses médiocres peintures et contemplant Victoria comme une déesse et un rêve inaccessible ! Et ce requin de Stousnill, sans cesse rampant dans les couloirs du château pour réparer les vieux meubles et entretenir les laques... Lui aussi voulait obtenir les faveurs de Victoria ou bien... Il faisait semblant, pour mieux préparer un vol ! Avec toutes les richesses que contenait le château, pas la peine d'avoir de l'imagination. Et cet Albert Vauxhall que je haïssais encore plus que les autres ! Je n'ai jamais échangé un seul mot avec lui, mais je l'ai détesté dès le premier instant.

— Un autre amoureux de Victoria ? demanda Higgins.

— Amoureux, lui ? Quelle blague ! Ce Vauxhall n'avait aucune sensibilité et ne s'intéressait qu'à son argent.

— Y avait-il quelqu'un d'autre sur la photographie ?

— Cette peste de professeur, Millicent Gyntanil, une parfaite hypocrite qui jouait les préceptrices auprès de Victoria et ne cessait de la complimenter pour s'attirer ses bonnes grâces. Une redoutable calculatrice, cette garce ! Elle cherchait à obtenir quelque chose de précis, mais quoi ? Et je n'étais pas la seule à lire dans son jeu.

— Elle ne vous aimait guère, semble-t-il.

— Auriez-vous contacté Millicent Gyntanil, inspecteur ? Eh bien, vous n'avez pas dû vous amuser, et elle a dû vous raconter un beau paquet de mensonges ! Inutile de m'en parler, ça ne m'intéresse pas. Je n'ai qu'un regret : que cette vieille folle soit encore vivante.

— N'oublieriez-vous pas un participant, mademoiselle ?

L'infirmière serra les poings.

— Le duc Ornatus... Un nobliau destiné à l'asile psychiatrique ! Comme j'aurais aimé lui couper la tête et la promener au bout d'une pique... Supporter l'existence des nobles, à notre époque, c'est ridicule.

Scott Marlow se sentit mal à l'aise. Encore un peu, et cette infirmière allait critiquer la famille royale et remettre en cause l'existence même de la monarchie. Par bonheur, Higgins l'orienta dans une autre direction.

— Vous êtes une excellente observatrice, mademoiselle ; lors de vos visites au château de Treadstone, avez-vous noté quelque chose d'anormal ou d'inquiétant ?

Peggy Tuesday se gratta le nez.

— Pourquoi cette question ?

— Répondez, je vous prie.

— Anormal... Toute cette vie de château était anormale. Inquiétant... Je ne sais pas. C'est bizarre, inspecteur, vraiment bizarre... Où voulez-vous en venir ?

— À ceci, mademoiselle : l'accident de Victoria Mac Doughany n'en était peut-être pas un.

— Pas un accident... Mais alors...

— Un crime.

— Victoria assassinée... Ce n'est pas possible !

— Pourquoi donc ?

— Parce que personne ne haïssait cette douce châtelaine au point de vouloir la tuer !

— En êtes-vous si sûre, mademoiselle ?

Peggy Tuesday lâcha sa boîte de gâteaux secs qui se répandirent sur le parquet ciré.

— Toute cette histoire n'a ni queue ni tête, et j'ai du travail ; si vous voulez la vérité, allez la chercher ailleurs.

CHAPITRE XIX

À peine Marlow s'était-il installé au volant de la vieille Bentley que le téléphone sonna.

— Oui, c'est moi... Oui, j'écoute...

Higgins proposa carnet et crayon à son collègue qui nota noms et adresses, et raccrocha avec un bel entrain.

— Première certitude, Higgins : aucune des personnes que nous recherchons n'est décédée.

— Disons plutôt qu'aucun décès n'a été enregistré par l'administration.

— Nous sommes dans un pays civilisé, Higgins ! On ne meurt pas en cachette.

— On a vu plus étrange, mon cher Marlow.

— Aucun des noms ne figure sur la liste des personnes disparues ; tous ces individus sont bien vivants, nous les retrouverons et les interrogerons.

De nouveau en possession de son carnet, Higgins déchiffra les notes prises par Marlow.

— Raphaëla Kusdick, Albert Vauxhall et John Milford habitent Londres, le duc Ornatus un domaine relativement proche du château de Treadstone, mais aucune trace de Dick Stousnill.

— Mes services résoudront cette petite difficulté ; il n'y a tout de même pas urgence !

— Allez savoir, superintendant.

— Que voulez-vous dire, Higgins ?

— Pour le moment, je n'en sais rien moi-même.

— Où allons-nous à présent ?

— À l'adresse la plus proche, celle de John Milford.

La vieille Bentley sortit des embouteillages de l'East End, aggravés par une pluie intense, pour aboutir dans Lambeth Road où elle s'arrêta devant un hôtel particulier en pierre de taille, dont la façade était ornée de chevaux tirant le char du soleil.

— On dirait que Milford a fait fortune, constata Marlow.

— Le *Times* a consacré des critiques plutôt élogieuses à ses œuvres, ces dernières années ; il a fini par s'imposer.

Scott Marlow sonna à plusieurs reprises avant qu'une voix n'éclatât dans l'interphone.

— Fichez-moi le camp, bon sang ! Vous ignorez que je travaille ?

— Scotland Yard, monsieur Milford ; pouvez-vous nous accorder quelques instants ?

— La police... Mais qu'est-ce que vous voulez ?

— Un simple entretien, dans le cadre d'une enquête de routine.

— Les lettres anonymes, enfin ! Bon, j'arrive.

Pour Marlow, un artiste peintre était forcément hirsute, mal rasé et vêtu d'une blouse plus ou moins blanche et constellée de taches. Aussi, l'allure de John Milford, un petit homme de soixante-cinq ans, le surprit-elle. Les cheveux en brosse, le visage lisse, fleurant bon une lavande de qualité, il était plutôt élégant, dans son costume de velours prune, d'excellente coupe.

L'artiste n'était pas seul. Trois chiens, des lévriers au corps blanc et à la tête noire, l'accompagnaient.

— Méfiez-vous, ils peuvent être féroces.

Le plus imposant, un superbe mâle, à la fois puissant et fin, se dirigea vers Higgins, le flaira longuement, et accepta une caresse. Les deux femelles l'imitèrent.

— Vous devez être une sorte de sorcier !

— Je ne suis que l'inspecteur Higgins, et j'ai l'honneur de vous présenter le superintendant Marlow.

— Enfin, vous vous occupez de ces maudites lettres ! Ce n'est pas trop tôt. Je me demandais si la police allait finir par faire son devoir.

— Comment s'appellent-ils ?

— Qui ça ?

— Vos lévriers.

— Ah... Le mâle, c'est Nelson. Ses deux femelles, Petula et Margaret. Allons dans mon atelier.

Les trois hommes et les trois chiens grimpèrent un escalier de marbre, traversèrent un vaste palier dont les murs étaient ornés de tableaux représentant des chiens et des chats, et entrèrent dans un immense atelier éclairé par une verrière située au nord.

Une dizaine de chevalets, des empilements de toiles vierges, des cartons à dessin, des pots en faïence remplis de pinceaux de taille diverse, des tubes de couleurs disposés sur des tables basses, plusieurs palettes... l'atelier de John Milford était celui d'un peintre en pleine activité. Le tableau en cours était consacré à Nelson, altier et triomphant.

— Une merveille, apprécia Higgins ; vous avez beaucoup de talent.

— Extraordinaire, constata Marlow, étonné par la précision du peintre.

— Merci, messieurs ; je ne suis pas indifférent aux compliments, surtout quand ils me semblent aussi sincères que les vôtres. L'anatomie, voilà le secret ! Les prétendus artistes contemporains ne sont que des prétentieux et des paresseux qui n'apprennent même pas leur métier, et se contentent de projeter leurs fantasmes avec l'espoir d'en tirer un maximum d'argent. Lorsqu'il s'agit de peindre des animaux, c'est une autre paire de manches ! Nos « créateurs » s'enfuient à toutes jambes avec l'espoir d'échapper au ridicule qui, par bonheur, les rattrapera un jour ou l'autre. Moi, messieurs, j'ai pris un autre chemin ; j'ai étudié les vrais maîtres de l'art animalier, les peintres du XVIIe et du XVIIIe siècles, j'ai vécu en compagnie des chiens et des chats, observé leurs attitudes à longueur de journée, et voulu restituer leur génie et leur incomparable beauté. Au début, à cause des critiques, des snobs et du terrorisme de l'art abstrait, ce fut difficile ; mais je savais que je suivais le bon chemin et je me suis acharné. J'ai vendu ma première toile, puis deux autres en même temps, puis une série de chats siamois, le bouche à oreille a fonctionné, les prix ont monté, le succès est venu.

— Êtes-vous marié ? demanda Higgins.

— Non, je vis seul avec mes chiens. Contrairement à ce que croient la plupart des gens, ils ne sont pas privés de l'usage de la parole. Nelson est même plutôt bavard, et nous avons de longues conversations auxquelles Petula prend volontiers part. Margaret est plus réservée ; mais quand elle commence à raconter une histoire, impossible de l'arrêter ! Je n'ai besoin de personne d'autre.

— Pas de domestiques ?

— Ah, surtout pas ! La meilleure des femmes de ménage déplacerait mes pinceaux, passerait partout avec son plumeau infernal et troublerait la tranquillité de mes chiens et la mienne. Je travaille à l'heure qui me plaît, aussi longtemps que j'en ai envie, et sans avoir de comptes à rendre à personne. Peut-on imaginer existence plus heureuse ?

Margaret se frotta contre les jambes de son maître. D'un coup de museau, Nelson la rappela à l'ordre. Quand il y avait des visiteurs, il fallait se tenir. Sous la conduite de l'auguste mâle, les deux femelles allèrent se coucher dans le coin le plus confortable de l'atelier.

— C'est encore un peu tôt pour le thé, jugea John Milford, mais j'ai du jus de carotte additionné d'une pointe de céleri. Un verre vous plairait-il ?

— Nous sommes en service, objecta Scott Marlow.

— Tant pis pour vous. Un instant, je vais chercher l'objet du délit.

John Milford revint avec une dizaine de lettres qu'il remit à Scott Marlow.

— Voilà la raison de ma plainte, superintendant ; depuis six mois, un dément m'envoie ces menaces absurdes.

Les messages étaient écrits avec des lettres découpées dans les journaux. Le message était toujours le même :

Le passé revient, la justice va passer.

— Si vous êtes ici, estima le peintre animalier, c'est parce que vous avez trouvé le coupable. Alors, de qui s'agit-il ?

CHAPITRE XX

Mains croisées derrière le dos, Higgins fit quelques pas dans l'atelier.

— Pour être franc, monsieur Milford, nous ignorions l'existence de ces lettres anonymes.

Le peintre s'assit sur un tabouret, les mains sur les genoux.

— Si vous recherchiez un effet de surprise, c'est réussi ! J'ai pourtant déposé une plainte en bonne et due forme... Mais alors, quel est le motif de votre visite ?

— Le passé, précisément.

Les traits du visage de John Milford se durcirent.

— Je ne comprends pas.

— Il y a vingt-huit ans, un 7 novembre, s'est produit un évènement tragique qui vous a peut-être marqué. Vous en souvenez-vous ?

Le peintre parut bouleversé.

— Si je m'en souviens... Comme si c'était hier ! Vous voulez parler de la mort accidentelle de Victoria Mac Doughany, n'est-ce pas ?

— C'est exact.

Higgins s'assit sur une chaise paillée, face à John Milford, et sortit de sa poche carnet noir et crayon.

— Victoria... Quelle femme extraordinaire ! J'étais follement amoureux d'elle et je désirais tellement l'épouser... Mais je n'ai jamais osé le lui avouer. Ma seule façon de lui révéler ma passion fut de la peindre. Elle a été mon seul modèle humain et le restera.

— Est-elle restée indifférente ?

— Je ne le saurai jamais... Victoria était indéchiffrable, nul ne connaissait ses projets d'avenir, et puis il y avait d'autres prétendants, plus habiles que moi. Je n'ai jamais pensé qu'elle deviendrait mon épouse, mais je voulais quand même le croire.

— Pourquoi avez-vous envoyé une lettre de condoléances à son frère Steven, cinq ans après la mort de Victoria ?

Le peintre sursauta.

— Comment le savez-vous ?

— C'est Steven Mac Doughany lui-même qui nous l'a appris.

— Ah... Vous l'avez vu. Un véritable garde-chiourme, un moraliste qui veillait sur sa sœur, son château, ses biens, avec la vigilance d'un bon chien. Je ne le lui reprochais pas d'ailleurs. Quand on possède un trésor, il est normal d'avoir envie de le conserver. Steven était malheureusement trop conformiste, un peu raide, avec cet esprit fonctionnaire qui empêche de jouir de la vie. Il était si attaché à son travail qu'il faisait gratuitement des heures supplémentaires... Tant mieux pour l'État.

— Pourquoi ces condoléances tardives ? insista Higgins.

— La mort de Victoria fut un choc épouvantable... Sans mes animaux, je me serais suicidé. Ils m'ont obligé à rester en vie, à m'occuper d'eux, à peindre... Mais le monde extérieur n'existait plus. Je vivais reclus, une galerie vendait mes toiles et me procurait le nécessaire. Cinq ans... Il m'a fallu cinq ans pour sortir de ma tanière et reprendre goût à l'existence. Mon premier acte fut d'envoyer des condoléances au frère de Victoria, comme si c'était le lendemain de sa mort. Le temps avait été aboli, ces cinq années n'existaient plus. Des condoléances... C'était ridicule, j'en conviens, mais j'avais envie d'agir, de faire quelque chose pour la mémoire de celle que je n'oublierai jamais. Et je n'ai trouvé que cette lettre dérisoire.

— Êtes-vous retourné au château de Treadstone ?

— Non, inspecteur ; je tenais à le garder intact dans mon rêve, comme un écrin précieux où avait vécu Victoria. Nous aurions pu être heureux, nous aurions dû l'être... Si elle ne s'était pas tant attachée à cette bâtisse ! Elle la décorait avec un goût extraordinaire, mais Treadstone dévorait son existence.

— La veille de la mort de Victoria, un événement inattendu ne s'est-il pas produit ?

John Milford s'empara d'un pinceau et mâchonna l'extrémité du manche, en proie à une intense réflexion.

— Si, c'est vrai... J'avais reçu un petit mot de Victoria pour m'inviter à une « surprise » ; et c'en fut une, je vous l'avoue ! Victoria a demandé à son jardinier de prendre une photo réunissant ses meilleurs amis. Elle riait, elle s'amusait, comme s'il s'agissait d'une bonne plaisanterie !

— Et... ce n'en était pas une ?

— Au fond, si, puisque nous ne nous entendions guère, nous les « amis » !

— Qui était présent ?

— Mes trois rivaux ! s'exclama le peintre, retrouvant une fougue de jeune homme. À commencer par cette ordure de Dick Stousnill, un menteur et un truqueur de la pire espèce !

— N'était-il pas un spécialiste des laques anciennes ?

— Si, inspecteur, mais c'était son alibi !

— Que voulez-vous dire ?

— Ce sale type n'avait qu'un but : voler les meubles précieux du château. Et il avait découvert la meilleure stratégie pour y parvenir : épouser Victoria.

— Pensez-vous qu'il faisait semblant d'être amoureux d'elle ?

— Bien entendu ! Le monde des sentiments lui était totalement inconnu. Pour lui n'existaient que les bois, les laques, les pieds galbés, que sais-je encore ! L'humain n'avait aucune place dans son cœur, il se moquait de Victoria comme d'une guigne.

— Je ne mets pas en doute votre analyse, dit Higgins, mais ne vous est-elle pas dictée par la jalousie ?

— Non, non ! Je...

Le peintre s'interrompit comme si une force extérieure l'empêchait de continuer.

— Oui, c'est possible, reprit-il, le visage rougi par l'émotion ; mais Victoria m'avait confié que Steven se méfiait de Stousnill et qu'il ne lui vendrait jamais rien, même à haut prix.

— Les deux hommes se sont-ils heurtés ?

— Stousnill n'aurait pas eu le courage d'affronter quiconque ! Je le comparais volontiers à un mille-pattes, capable de se glisser partout en fuyant la lumière.

— Je suppose que vous avez perdu tout contact avec lui ?

— Heureusement, inspecteur ! Sinon, j'aurais fini par lui fracasser la tête avec un réel plaisir.

De rage, John Milford brisa le pinceau.

— Pardonnez-moi... Malgré toutes ces années, mon animosité n'a pas diminué. Des larves comme ce Dick Stousnill ne méritent pas de vivre. Mes chiens ont davantage de noblesse que ce pilleur.

— Selon vous, dit Higgins avec calme, Dick Stousnill aurait-il pu attenter aux jours de Victoria ?

L'artiste regarda fixement Higgins.

— Je... Je ne dois pas comprendre...

— Mais si, monsieur Milford.

— Vous accusez Stousnill de crime ?

— Nous n'en sommes qu'au stade du soupçon.

— La mort de Victoria était accidentelle !

— Nous avons quelques raisons d'en douter.

— Vingt-huit ans après, vingt-huit ans...

Le peintre se leva et se déplaça comme un somnambule. Puis il fit face à Higgins.

— S'il y a un assassin, inspecteur, ce n'est pas Dick Stousnill, mais Albert Vauxhall.

CHAPITRE XXI

Scott Marlow fut impressionné par le ton de John Milford ; il avait porté son accusation avec la froideur d'un procureur.

— C'est une accusation très grave, monsieur Milford.

— C'est vous qui avez parlé de crime, superintendant.

Le peintre animalier leva les yeux au ciel.

— Si vous l'aviez connu, vous ne douteriez pas de sa culpabilité.

— Lui aussi était votre rival, souligna Higgins.

— Certes, et le plus dangereux ! Il avait du charme, de la séduction, de la répartie, il était élégant et apparemment bien éduqué... Je me demande même si Victoria ne lui avait pas succombé, sans oser l'avouer.

— Jusque-là, nota Scott Marlow, aucun indice d'un comportement criminel.

— Vauxhall était un homme violent, très violent ! Quand il apparaissait dans le paysage, mieux valait s'éclipser. Il portait toujours une arme sur lui, un pistolet ou une arme blanche qui avait de quoi faire peur à n'importe qui. Il prétendait qu'il s'agissait de souvenirs de la guerre qui lui permettaient de se sentir en sécurité. En fait, c'était un bandit de grand chemin !

— Pourquoi Victoria acceptait-elle de le recevoir ?

— Vauxhall cachait bien sa véritable nature. Il jouait les gentlemen et avait des dons pour la comédie. Moi seul l'avais démasqué.

— Et vous le lui avez dit ?

John Milford baissa les yeux.

— Non, inspecteur. J'ai eu peur. Peur d'être agressé par cette brute. Il n'aurait pas hésité à m'éliminer physiquement. Ne cherchez pas plus loin votre coupable ! Il voulait épouser Victoria pour s'approprier ses biens et devenir châtelain, elle a refusé, il l'a assassinée !

— Vous n'avez pas été très courageux, remarqua Higgins ; n'auriez-vous pas dû prévenir Victoria du danger qu'elle courait ?

Le visage de l'artiste s'empourpra.

— Je... Je ne sais pas quoi dire... Allez-vous m'inculper... de complicité de meurtre ?

— Nous n'en sommes pas encore là. Peut-être avez-vous tort, peut-être le coupable n'est-il pas Albert Vauxhall.

— Si, c'est lui, j'en suis sûr... Et puis, de toutes façon, ça n'efface pas ma lâcheté. J'ai pensé à moi, pas à Victoria. Au fond, je n'étais pas digne d'elle. Et je suis l'une des causes indirectes de sa mort.

Le peintre semblait au bord des larmes.

— Je suis coupable, inspecteur, je suis coupable...

— Laissez-nous finir notre enquête, dit Higgins avec douceur, et nous conclurons nous-mêmes.

— Non, vous ne pouvez pas comprendre...

— Êtes-vous croyant, comme Victoria ?

John Milford sursauta.

— Victoria, croyante ? Je l'ignorais. Nous n'en avons jamais parlé. Elle était passionnée par son château, par la décoration, par la restauration titanesque qu'elle avait entreprise, mais n'évoquait pas ses positions religieuses... Moi non plus, d'ailleurs. Si Dieu existe, il ne saurait s'incarner que dans les animaux et certainement pas dans l'espèce humaine. Les animaux ne mentent ni ne trahissent ; ils sont parfaits en eux-mêmes et ne songent pas à détruire leur territoire et à souiller la nature, comme le fait l'homme.

— Vous aviez un troisième rival, n'est-ce pas ?

— Oui, inspecteur. Ornatus, duc de Paston et de Naswater. Un rival de qualité, celui-là. Ruiné, mais un vrai noble. Un type superbe, avec cette classe innée qui n'appartient qu'aux vrais aristocrates. Devant lui, je me sentais tout petit. S'il avait été vraiment amoureux de Victoria, je me serais éclipsé.

— Il simulait, lui aussi ?

— Le duc Ornatus dédaignait le monde entier, il appartenait à un univers qui n'est pas le nôtre et qui n'existe plus. Il n'aimait Victoria que par goût de la chasse. Ce gibier-là, exceptionnel, devait lui appartenir, et il regardait Victoria comme sa future proie qui n'avait pas le droit de lui échapper. Et il avait tous les atouts pour la séduire.

— Puisque Victoria n'a pas cédé, le duc a donc été vexé.

— En tout cas, il n'a jamais renoncé ! Il était persuadé que Victoria finirait par céder et que le temps jouait pour lui.

— Que disait Victoria à son sujet ?

— Rien. Je crois qu'il l'amusait et qu'elle prenait plaisir à sa compagnie.

— A-t-elle évoqué un possible mariage ?

— Non, inspecteur.

Higgins consulta son carnet noir.

— Lorsque cette photographie a été prise, devant le château, il n'y avait pas que des hommes.

Le peintre se concentra.

— Je me souviens de trois femmes.

— Ces amies de Victoria étaient-elles aussi les vôtres ?

— La délicieuse Millicent Gyntanil, oui. Une personne charmante, bien éduquée, cultivée, une femme de qualité comme il n'en existe plus beaucoup... Elle me parlait volontiers de mes tableaux qu'elle appréciait, sans flagornerie et sans complaisance. Ses compliments m'allaient droit au cœur. Finalement, on n'a pas fait mieux que la bonne éducation anglaise !

— N'avait-elle pas été une sorte de préceptrice pour Victoria ?

— Elle lui avait appris le français, et les deux femmes étaient restées très liées. Millicent Gyntanil venait très souvent au château, et Victoria adorait converser avec elle. Pourtant, son ex-professeur ne lui passait rien ! Elle ne ménageait pas ses critiques et n'était pas une confidente prête à tout approuver !

— Victoria le lui reprochait-elle ?

— Non, elle aimait cette franchise.

— Les autres amies de Victoria étaient-elles aussi franches ?

Le peintre hésita.

— Je ne crois pas... Elles étaient bien différentes de Mlle Gyntanil.

— Et vous le regrettez, observa Higgins.

— C'est certain ! Quand je pense à cette infirmière, Peggy Tuesday, je n'ai que de mauvais souvenirs ! Une personne vulgaire, sans cesse excitée et bien peu attirante. J'ai toujours pris soin de m'en tenir écarté et de n'avoir aucun contact avec elle.

— Vous faisait-elle peur ?

— Non, pas à ce point-là, mais elle me déplaisait, et je ne comprends pas pourquoi Victoria acceptait de la recevoir. Bien sûr, elle lui donnait des soins, mais cette Peggy ne devait pas posséder des dons exceptionnels. La remplacer eût été une idée salutaire.

— L'avez-vous proposée à Victoria ?

Le peintre baissa une nouvelle fois la tête.

— J'avoue que non, inspecteur... Cette fois encore, je me suis montré lâche. Je n'osais pas donner de conseils à Victoria. Elle avait une personnalité si affirmée, elle aimait tant son indépendance... Mon intervention aurait été déplacée.

— Mlle Tuesday devait admirer sa cliente, je suppose ?

— Je l'ignore, répondit John Milford. Je n'ai jamais échangé un mot avec cette infirmière.

— Reste une troisième femme.

— Oui, Raphaëla Kusdick.

Rêveur, le peintre regarda au loin, comme s'il cherchait à aggriper le passé.

— Raphaëla... Quelle femme mystérieuse. Superbe, mais si énigmatique ! Elle était si différente de Victoria, si moderne, si attachée au monde contemporain, si loin de l'univers du château de Treadstone.

— Pourtant, Victoria l'appréciait.

— Oui, elle était même sa meilleure amie, j'ai l'impression. Mais que voulait exactement Raphaëla, pourquoi fréquentait-elle Victoria ? Une fois, j'ai osé lui poser la question. Elle ne m'a pas répondu, elle s'est contentée de sourire. Savez-vous à qui elle me fait penser ? À l'ange de la mort, dans les tableaux fantastiques.

Scott Marlow frissonna.

— Raphaëla aurait-elle menacé Victoria de manière explicite ?

— Non, non, pas du tout... Du moins pas à ma connaissance. Dans ma bouche, ce n'était qu'une image artistique, rien de plus.

— Et vous n'avez pas cherché à en savoir davantage sur Mlle Kusdick ?

— Pourquoi l'aurais-je fait, superintendant ?

Higgins se dirigea vers la porte de l'atelier.

— Merci de votre collaboration, monsieur Milford.

— Inspecteur... J'aimerais être informé des suites de votre enquête. Si vous découvrez l'assassin de Victoria, je voudrais connaître son identité.

— Nous revoir sera probablement nécessaire. Fouillez bien dans votre mémoire, je vous prie ; certains détails pourraient revenir à la surface et nous être utiles.

CHAPITRE XXII

A priori, une rue baptisée Cromwell Road ne pouvait qu'inspirer une certaine méfiance. Mais les résidents voulaient oublier les sinistres exploits du tourmenté et cruel Cromwell pour jouir de l'élégant confort des demeures aux colonnes imposantes et aux façades blanches de cette célèbre artère du quartier de South Kensington. La vieille Bentley de Scott Marlow était assez fière de rouler sur des chaussées comme celle-là, si éloignées de l'agressivité et de la laideur du Londres moderne. South Kensington était le royaume des *mews*, terme intraduisible utilisé pour décrire d'anciennes écuries, transformées en maisons élégantes, et les allées qui y conduisaient. Bref, tout le charme d'une époque révolue qui tentait néanmoins de survivre. Certes, il y avait une certaine présence française, notamment à cause des services diplomatiques officiels et de quelques boutiques tenues par des expatriés d'outre-Manche, mais ils savaient se tenir à leur place.

— C'est ici, dit Scott Marlow, en s'arrêtant devant un porche majestueux auquel on accédait par un perron encadré de thuyas taillés avec soin.

Marlow utilisa un heurtoir en bronze. Un valet de chambre en gilet rayé noir et jaune ouvrit.

— Ces messieurs désirent ?

— Mlle Kusdick pourrait-elle recevoir le superintendant Marlow et l'inspecteur-chef Higgins ?

— Veuillez patienter.

Le valet de chambre revint cinq minutes plus tard.

— Si ces messieurs veulent bien me suivre...

L'intérieur de l'hôtel particulier sacrifiait à un luxe discret. Rien de tapageur, mais quelques tableaux du XVIIIe siècle d'excellente facture, des stucs en excellent état, une moquette rose fané douce au regard, des tapisseries murales vieil or aux motifs géométriques.

L'aisance, sans ostentation.

Sur le seuil d'un salon Regency, une très belle femme de cinquante-six ans, à l'allure sportive, parée de boucles d'oreilles en diamant et d'un collier de perles authentiques. Sa robe décolletée, d'un bleu profond, lui seyait à merveille. Bien qu'il eût croisé nombre de femmes séduisantes au cours de sa longue carrière, Higgins avait rarement été confronté à un charme aussi prenant.

— Êtes-vous vraiment... Scotland Yard ?

— Je le crains, mademoiselle, dit Higgins.

— Mademoiselle... Vous n'êtes donc pas au courant ? Je suis veuve. Mon mari est mort il y a un an.

— Nous sommes désolés.

— Oh ! le temps a passé, et la peine s'estompe. Mon mari était un banquier très occupé par son travail, et je regrette de ne pas avoir passé suffisamment de temps à ses côtés. La vie s'est écoulée vite, trop vite, et beaucoup de bonheurs se sont enfuis à mon insu. Pardonnez-moi de vous infliger ma mélancolie, messieurs ; pour quelle raison désiriez-vous me voir ?

— Nous aimerions vous parler de Victoria Mac Doughany, dit Higgins sur un ton neutre.

Raphaëla Kusdick blêmit. Au bord du malaise, elle s'appuya contre un mur.

— Victoria... Vous voulez me parler de mon amie Victoria, morte accidentellement, il y a vingt-huit ans ?

— En effet.

— Victoria... La police... Je ne comprends pas...

— Si nous en parlions paisiblement, madame ?

— Oui, bien sûr... Je n'ai aucune raison de vous refuser cet entretien mais j'aimerais savoir pourquoi...

Le salon bleu de la demeure de Raphaëla Kusdick était intime et chaleureux ; on avait envie de s'asseoir dans l'un des fauteuils profonds, près d'une plante verte qui captait les rares rayons de soleil, et de goûter l'atmosphère intime de ce lieu paisible.

— Pardon, messieurs, je manque à tous mes devoirs... C'est l'heure du thé, et j'allais l'oublier. Installez-vous, je vous prie, je m'en occupe.

Higgins pourrait-il éviter la catastrophe ? Boire du thé lui était impossible, sous peine de déclencher une nausée aux conséquences imprévisibles. Il ne lui restait qu'une issue possible : s'installer près de la plante verte.

Les deux policiers se levèrent quand Raphaëla Kusdick revint dans le salon bleu. Elle s'était remaquillée pour dissimuler son émotion.

— Inspecteur Higgins et superintendant Marlow, ce sont bien vos noms ?

Les deux hommes hochèrent de la tête affirmativement.

— Cela vous paraîtra sans doute ridicule, mais je suis bouleversée... Victoria fut une amie irremplaçable. Malgré ces vingt-huit années, je ne l'ai pas oubliée. Je pense souvent à elle, à cette fin aussi tragique que stupide. Et la voici qui ressurgit, de manière si inattendue ! Pourquoi Scotland Yard s'intéresse-t-il à la mémoire de cette femme merveilleuse, qui était la vie même, toujours prête à se battre, à faire mieux, à se dépasser ?

— Parce que nous mettons en doute la thèse de l'accident, révéla Higgins.

Raphaëla Kusdick sembla stupéfaite.

— Mais... Quelle autre hypothèse préconisez-vous ?

— Un assassinat .

— Vous voulez dire que... quelqu'un aurait...

Le regard d'Higgins servit de réponse.

— Par conséquent, vous recherchez le coupable. Le coupable... Mais c'est terrifiant ! Qui pouvait haïr Victoria au point de la tuer ?

Higgins consulta ses notes.

— C'est Steven qui vous a appris le drame, n'est-ce pas ?

— Oui, inspecteur.

— Et vous, vous lui avez annoncé que vous quittiez la région et que vous alliez vous marier.

— C'est exact.

— Victoria était-elle au courant ?

— Bien sûr.

— Comment avait-elle réagi en l'apprenant ?

— Elle a eu une réaction curieuse... Qu'elle fut triste, je le comprenais, car je l'étais, moi aussi. Mais il y avait davantage : elle m'a paru angoissée, presque désespérée.

— Votre mariage ne brisait-il pas une amitié profonde ?

— Pas complètement, inspecteur ; certes, nous nous verrions beaucoup moins, mais j'avais bien l'intention de rendre souvent visite à Victoria et de l'inviter chez moi. Non, il y avait autre chose que je n'ai pas compris. « J'espère que ton mari ne te fera pas pleurer les larmes de Job », m'a-t-elle dit lorsque nous nous sommes quittées. Ni l'une ni l'autre ne savions que nous ne nous reverrions jamais.

— Comment avez-vous interprété cette phrase ?

— De la manière la plus directe ! Mon mari étant banquier, Victoria me souhaitait d'être heureuse et de ne pas devenir pauvre comme Job sur son fumier.

— Un écho de sa croyance chrétienne, je suppose.

— Croyante, Victoria ? Je n'en ai pas l'impression. Mais elle connaissait cette fameuse scène de la Bible, comme tout le monde. Par bonheur, mon mari n'a eu aucun revers de fortune.

— À cette époque, vous étiez bien championne de natation ?

— Une petite championne, inspecteur ! J'aimais beaucoup ce sport, et j'avais fait une gentille carrière, sans trop savoir ce que serait mon avenir. Le plus vexant, c'était que Victoria, sans entraînement, nageait presque aussi vite que moi ! Mais quelles qualités ne possédait-elle pas ? Je regrettais un peu qu'elle s'attachât exclusivement à la restauration de son château. Elle aurait pu se consacrer à mille et une autres tâches plus intéressantes !

— Le lui avez-vous reproché ?

— Je ne lui cachais rien de mes sentiments ! C'était parfois l'occasion de discussions animées, voire de disputes, mais qui se terminaient toujours par un éclat de rire. Malgré mes critiques, elle n'a pas modifié son attitude et a persévéré dans ses travaux d'Hercule. En aurait-elle jamais vu la fin ?

— Fréquentiez-vous aussi son frère, Steven ?

— Comme je me trouvais souvent au château, j'ai souvent eu l'occasion de le croiser et de bavarder avec lui. Steven n'était jamais désagréable, mais il n'aimait guère communiquer avec autrui. Pour lui comptaient un certain nombre de valeurs, au premier rang desquelles le travail et la famille. Il ne parlait pas de lui-même et restait très distant, comme s'il redoutait la moindre ambiguïté entre nous. J'étais la meilleure amie de sa sœur, et il me témoignait beaucoup de respect en raison de cette qualité. Malgré mon caractère passionné et mes allures de fonceuse, j'appréciais cette distinction et cette réserve.

— Avez-vous cherché à mieux le connaître, madame ?

— De ce point de vue, inspecteur, c'eût été une faute de goût. De toute manière, Steven n'aurait pas abaissé ses défenses.

On frappa discrètement à la porte du salon bleu.

— Oui, entrez, dit la maîtresse de maison.

La catastrophe que redoutait Higgins se produisait.

Le valet de chambre apportait le thé.

CHAPITRE XXIII

Le thé fut servi avec une distinction toute britannique, puis le domestique se retira. Raphaëla Kusdick but une gorgée, Marlow aussi, Higgins simula. Cette fois, la situation était mal engagée.

— Ne s'est-il pas produit un curieux événement, la veille de la mort de Victoria ? interrogea-t-il.

— Non, je ne... Ah, mais si !

Comme piquée au vif, Raphaëla se leva, fit quelques pas et s'immobilisa devant une fenêtre donnant sur Cromwell Road.

D'un geste vif et discret, Higgins versa le contenu de sa tasse dans le pot de terre cuite où prospérait la plante verte.

— La veille de sa mort, Victoria m'avait invité à venir au château. Quand je suis arrivée, elle était très gaie et avait envie de plaisanter. L'événement en question, c'était une photographie rassemblant tous les amis de Victoria... Une idée sympathique qui m'a plutôt réjouie ! Si ma mémoire est bonne, c'est le jardinier, un homme bourru et antipathique, qui a pris la photo. Tous les participants n'étaient pas décontractés ; certains semblaient même plutôt gênés, voire mécontents. Ils auraient dû prendre exemple sur Albert Vauxhall, un homme merveilleux, le charme même, autour duquel flottait un parfum de danger et d'aventure. Partir seule avec lui dans le désert ou sur un bateau, quel rêve ! Il aurait été un parfait mari pour Victoria, mais elle était trop jeune pour apprécier ce genre d'homme.

— Aviez-vous conseillé à Victoria de l'épouser ?

— Évidemment ! Mais autant parler aux vents ou à la pluie... Rien ne saurait les empêcher d'agir. Mon amie leur ressemblait. Elle écoutait, certes, mais elle ne changeait pas d'avis. Et cet Albert Vauxhall ne trouvait pas totalement grâce à ses yeux. Victoria aurait pu choisir le duc Ornatus... Un fou, un décadent et un alcoolique, mais tellement fascinant. Un véritable amoureux, comme en rêvent toutes les femmes ! Si Victoria l'avait épousé, elle aurait peut-être réussi à le transformer et à en faire un mari convenable, sans qu'il perde sa superbe. Bien que cette photographie l'importunât au plus haut point, le duc Ornatus a eu l'élégance de jouer le jeu et de donner satisfaction à Victoria.

Raphaëla Kusdick s'éloigna de la fenêtre et retourna s'asseoir.

— Encore un peu de thé, messieurs ?

Higgins et Marlow déclinèrent la proposition, la maîtresse de maison se resservit.

— Albert Vauxhall a-t-il eu un comportement inhabituel, ce jour-là ? questionna l'ex-inspecteur-chef.

— Non, pas du tout... Comme le duc, Vauxhall s'est prêté au jeu sans aucune réticence. Ce ne fut pas le cas de cet insupportable John Milford, un personnage inexistant, une sorte de Pierrot lunaire qui, pourtant, n'hésitait pas à faire la cour à Victoria. Certains hommes n'ont vraiment pas le sens du ridicule ! Il peignait des animaux, je crois...

— Avec du talent ?
— Les artistes modernes m'exaspèrent, inspecteur, qu'ils aient du talent ou non. Leur seul sujet, c'est eux, eux et encore eux.
— John Milford ne peignait que des animaux.
— Peu importe, il ne cherchait qu'à se mettre lui-même en valeur. J'ai dit et redit à Victoria qu'elle ne devait accorder aucune attention à ce Milford et qu'elle avait tout intérêt à s'en écarter... Mais vous connaissez le caractère de Victoria, à présent. Néanmoins, je vous dois la vérité : si Milford était devenu trop pressant, je serais intervenue de manière franche et nette pour l'empêcher d'importuner mon amie.
— Et ce ne fut pas le cas ?
— Non, inspecteur ; il a su ne pas dépasser les bornes. Je n'en dirai pas autant de Dick Stousnill, mais comment le décrire ? Aujourd'hui encore, je m'en sens incapable. Ce Stousnill était un courant d'air, une sorte de fantôme qui hantait le château, un être mystérieux et inquiétant qui tissait sa toile, à la manière d'une araignée.
— Pourquoi Victoria tolérait-elle sa présence ?
— Parce qu'il était un spécialiste de la restauration des meubles anciens ; Victoria avait besoin de lui, mais il s'incrustait dans son existence sans qu'elle en soit vraiment consciente. Stousnill me faisait peur, c'était un être nocif dont Victoria ne mesurait pas correctement la capacité de nuire.
— Bien entendu, vous avez mis votre amie en garde.
— C'était mon devoir, inspecteur, mais je crains d'avoir été inefficace. Puisque vous évoquez l'éventualité d'un crime, si j'avais un coupable à désigner, ce serait ce Dick Stousnill.
— Auriez-vous une raison précise, madame ?
— Non, il ne s'agit que d'une intuition.

— Si vous disposez d'un élément plus précis, n'hésitez pas, je vous en prie.

— Une simple intuition, je vous assure. Et puis... Et puis il n'était pas le seul à vouloir nuire à Victoria.

— À qui d'autre songez-vous ?

— À ces deux pestes qui la vampirisaient ! La moins redoutable était une infirmière, une certaine Peggy Tuesday, dépourvue de personnalité, mais vindicative. Avec moi, elle se montrait plutôt sympathique, mais je tâchais d'éviter les contacts. Le plus curieux, c'est que nous nous sommes revues, il y a quelques années.

— À quelle occasion ?

— Elle avait découvert mon adresse et s'est présentée ici pour me proposer... quelque chose. J'ai refusé de la recevoir.

— Pourquoi ?

— Je n'avais pas envie d'écouter ce qu'elle avait à me dire. Elle désirait sûrement salir la mémoire de Victoria qu'elle n'hésitait pas à critiquer, parce qu'elle était riche et belle.

Raphaëla Kusdick parut contrariée.

— Si j'avais su que Victoria avait peut-être été assassinée, j'aurais reçu cette infirmière... Elle avait sans doute des confidences à me faire !

— Ne vous souciez pas de ce rendez-vous manqué, madame ; Mlle Tuesday est bien vivante, et nous aurons l'occasion de l'interroger.

— Tant mieux. Une fille grossière, mais beaucoup moins redoutable que Millicent Gyntanil, l'ancienne professeur de français de Victoria. Ah, quelle pimbêche et quelle prétentieuse ! Elle ne pouvait pas s'exprimer sans réciter du Ronsard ou du Racine, afin d'écraser autrui sous son immense culture. Si j'ai détesté quelqu'un, c'est bien cette femme.

— Mais Victoria l'appréciait.

— Elle goûtait sa compagnie, c'est vrai ; reste une question à laquelle je n'ai jamais pu répondre : que voulait-elle vraiment, cette Millicent Gyntanil ?

— Discuter avec son ancienne élève n'était-il pas son unique but ?

— Je suis persuadée du contraire, inspecteur. Cette femme était froide et calculatrice, elle s'était fixée un objectif. Et je n'ose croire que...

Raphaëla Kusdick se leva de nouveau, agitée.

— Je me souviens d'un détail curieux, dit-elle d'une voix sourde. Victoria voulait commencer la restauration d'une pièce dont elle avait trouvé la porte fermée. Elle se demandait qui avait caché la clé et pour quelle raison. Je lui avais suggéré une malveillance de Millicent Gyntanil, mais nous n'avons malheureusement pas eu le temps de vérifier.

— Vous souvenez-vous de l'emplacement de cette pièce ?

— Oui, car elle se trouvait dans la tour opposée à celle où Victoria avait installé ses appartements, un peu au-dessus de sa chambre. Une autre tasse de thé, inspecteur ?

— Nous ne vous importunerons pas plus longtemps, madame.

CHAPITRE XXIV

Albert Vauxhall résidait dans une petite rue paisible et champêtre qui donnait sur Highgate High Street, artère tracée au XIVe siècle pour traverser la belle colline de Highgate, l'un des endroits les plus agréables de la vaste agglomération londonienne. La vieille Bentley reprit un peu de vigueur, grâce à l'air moins pollué qui régnait en ces lieux. Au sommet de la colline, le voyageur n'avait plus, comme autrefois, à acquitter un droit de péage, mais il pouvait rêver d'un monde où les villes étaient encore bâties à la campagne.

Le portail en fer forgé de la demeure de Vauxhall était couvert de glycine. Une vieille cloche permit à Scott Marlow de signaler sa présence.

Au bout de l'allée sablée, une petite maison cachée sous le lierre. Au rez-de-chaussée, un rideau se souleva. Puis, la porte principale s'ouvrit, et un septuagénaire alerte, en robe de chambre, se dirigea vers le portail.

— Qu'est-ce que vous voulez ?

— Superintendant Marlow et inspecteur-chef Higgins. Vous êtes bien Albert Vauxhall ?

— Oui, c'est bien moi.

— Nous souhaiterions vous poser quelques questions dans le cadre d'une enquête.
— Des questions... sur mon passé ?
— Si l'on veut, monsieur Vauxhall.
— C'est... C'est sérieux ?
— Scotland Yard n'a pas l'habitude de plaisanter.
— Bon... Je suppose qu'il vaut mieux vous laisser entrer ?
— Vous êtes libre de refuser, mais nous utiliserons d'autres moyens.
— D'accord, d'accord... Allons-y. Autant se débarrasser de vous au plus vite.

Grand, mince, le visage allongé, l'allure sportive, Albert Vauxhall portait d'imposants favoris, entretenus avec le plus grand soin. L'âge n'avait pas de prise sur lui, et son pouvoir de séduction demeurait intact.

Passant le premier, Albert Vauxhall fit entrer les deux policiers dans un grand salon où était évoqué son passé sportif, sous forme de coupes et de trophées remportés lors de compétitions de tennis, de cricket et de golf. De nombreuses photos d'un Vauxhall vainqueur et triomphant ornaient les murs.

— Vous avez été un grand sportif, nota Higgins.
— Oui, mais c'étaient de petites compétitions. On doit se contenter de ce qu'on a vécu, inspecteur. Les deux meilleurs fauteuils sont devant la fenêtre ; les autres sont un peu fatigués. Je sais que vous êtes en service, mais un petit whisky écossais est nécessaire pour lutter contre l'humidité.

Sans attendre la réponse des deux hommes, Vauxhall leur servit un verre et alla s'adosser à une commode sans style sur laquelle trônait une sculpture en métal représentant un tennisman au service.

— Pour nous simplifier la vie, déclara Albert Vauxhall, je vous signale que nous sommes presque du même bord. J'ai longtemps travaillé pour les services secrets et, même depuis que je suis en retraite, je continue à rendre de menus services. Quels que soient vos problèmes, ils trouveront forcément une solution administrative. Nous nous comprenons bien, messieurs ?

Marlow fronça les sourcils. C'était précisément le genre d'incident qu'il détestait, dans la mesure où il pouvait entraîner des complications sans fin.

— Pendant la guerre, continua Albert Vauxhall, j'ai piloté un Hurricane et j'ai côtoyé des héros comme Peter Townsend. C'est grâce à des hommes comme moi que l'Angleterre a vaincu les nazis. Et ce n'est quand même pas la police de mon propre pays qui va me chercher des poux dans la tête, comme disent les Français.

— Pourquoi êtes-vous si nerveux, monsieur Vauxhall ? interrogea Higgins.

— Moi, nerveux ? Je précise simplement les règles du jeu.

— C'est curieux... On jurerait que vous attendiez notre visite.

— Vous divaguez !

— Quelqu'un vous aurait-il prévenu que nous enquêtions sur la mort mystérieuse de Victoria Mac Doughany ?

Le coup porta.

Albert Vauxhall tritura ses favoris comme s'il voulait les arracher.

— Victoria... Mais c'est complètement insensé ! Elle est tombée d'une fenêtre de son château, il y a trente ans !

— Vingt-huit, rectifia Higgins, qui sortit de sa poche un carnet noir et un crayon. Nous aimerions beaucoup avoir votre témoignage sur cette époque.

— Comment voulez-vous que je me souvienne de quelque chose ? C'est si loin !

— Pas pour un agent secret qui est habitué à mémoriser quantité de données. Comme vous êtes en excellente forme physique, je suis certain que votre mémoire ne vous fera pas défaut.

Albert Vauxhall vida son verre d'un trait et le remplit aussitôt d'un liquide ambré et chaleureux.

— Qu'est-ce qui se passe avec cette malheureuse Victoria ? C'était une belle fille, je le reconnais, et elle ne m'était pas indifférente. Intelligente, superbe, fascinante... Qui n'aurait pas rêvé de l'épouser ?

— Lui avez-vous proposé le mariage ?

Vauxhall sourit, attendri.

— Oui, inspecteur.

— Et que vous a-t-elle répondu ?

— Ni oui ni non.

— Une réponse bien peu satisfaisante.

— Je m'en suis contenté avec l'espoir de réussir à la convaincre que nous formions un beau couple.

La voix d'Albert Vauxhall s'étrangla.

— Et puis elle est morte... Ce stupide accident. La vie est parfois cruelle.

— À sa mort, vous êtes resté d'une étonnante discrétion.

L'agent secret à la retraite se révolta.

— Discrétion, discrétion... Que vouliez-vous que je fasse ? Envoyer mes condoléances à ce pisse-froid de Steven ? Si vous avez l'occasion de le rencontrer, à condition qu'il soit encore vivant, vous comprendrez vite ce que je veux dire. C'était à Victoria que je m'intéressais, pas à ce type secret, indéchiffrable, dépourvu de sentiments et plus froid que la banquise.

— Vous seriez-vous querellés ?

— Si ç'avait été le cas, je l'aurais écrasé sous mon talon. Pauvre Steven ! Il ne s'intéressait qu'à sa carrière de haut fonctionnaire, à son honorabilité et à cet horrible château que Victoria passait son temps à restaurer.

— Vous n'aimiez pas Treadstone ?

— Je haïssais ce château autant que Steven ! Ils se ressemblaient, même si Victoria essayait de rendre cette bâtisse chaleureuse en lui redonnant des couleurs et de la vie. Une tâche impossible, à mon avis. Mais elle était obstinée et s'acharnait, avec un courage remarquable. Je me demande si son frère lui en était reconnaissant.

— Il ne vous empêchait quand même pas de fréquenter sa sœur.

— Nous ne sommes plus au XVIIIe siècle, inspecteur ! Victoria était libre de ses mouvements. Si Steven avait osé proférer une interdiction quelconque, c'est lui qui serait passé par la fenêtre de la tour !

Scott Marlow fut choqué.

— Cette expression n'est-elle pas malheureuse, monsieur Vauxhall ?

— Je n'ai pas trop l'habitude de boire... Oubliez ce que je viens de dire.

— Pardonnez-moi une question très directe, reprit Higgins : avez-vous été l'amant de Victoria ?

— À question directe, réponse directe : non, inspecteur. Nous nous contentions de bavarder, de plaisanter et de jouer du clavecin. C'était la distraction préférée de Victoria, et elle avait un véritable talent de musicienne. Moi, je tentais simplement de l'accompagner et de ne pas faire trop de fausses notes. J'avais pris goût à cette rêverie romantique qui me convenait si peu, au premier abord. Mais Victoria était une enchanteresse.

Soudain, le regard d'Albert Vauxhall flamboya.

— Mais dites donc... Vous avez bien dit que vous enquêtiez sur la mort de Victoria... Scotland Yard aurait-il du temps à perdre ? Un accident, c'est un accident !

— Les apparences sont parfois trompeuses.

— Jouez carte sur table, inspecteur. Vous croyez à... un crime ?

Higgins hocha la tête affirmativement.

— Ça, c'est curieux... À l'époque, cette hypothèse farfelue m'avait traversé l'esprit. Évidemment, dans mon métier, on a l'esprit un peu tordu, et l'on voit le mal partout. Pourtant, j'avais eu quelques soupçons que j'avais fini par enfouir au fond de ma mémoire. Et aujourd'hui, vous voilà devant moi, avec cette même idée. Si je croyais au destin...

— Vous avez bien prononcé le terme de « soupçons » ?

— Ils se sont cristallisés lors d'un événement très curieux qui s'est produit la veille de la mort de Victoria. Un événement vraiment très curieux.

CHAPITRE XXV

Albert Vauxhall serra son verre comme s'il tentait de se rattacher avec fermeté à un souvenir trop longtemps occulté.

— Oui, vraiment très curieux... Victoria m'avait convié au château pour participer à une « surprise ». En fait de surprise, c'en fut une, et une belle ! Elle avait réuni ceux et celles qu'elle considérait comme ses amis. Mais entre tous ces gens-là, l'entente cordiale ne règnait vraiment pas ! Enfin, je me suis adapté, comme les autres... Aujourd'hui, je ne pense plus à eux comme à de simples participants à une réunion de famille...

— Autrement dit, apprécia Higgins, vous les considérez comme d'éventuels coupables ?

— Pourquoi pas ?

— Quelle était l'intention réelle de Victoria ?

— Je n'en sais trop rien... En tout cas, cette photographie l'amusait beaucoup !

— L'a-t-elle prise elle-même ?

— Non, elle a donné des conseils à son jardinier, un type odieux qui ne disait jamais bonjour à personne. Les réglages effectués, il s'est contenté d'appuyer sur le bon bouton. Nous étions tous plus ou moins à l'aise.

— Y compris... Vos concurrents ?

— Ah... Vous savez ça ? Bien joué. Scotland Yard est toujours aussi professionnel, et je m'en félicite. Je parie que vous possédez déjà l'identité des participants à cette petite fête.

— Exact, monsieur Vauxhall.

— Bon, mais je n'avais pas l'intention de vous cacher quoi que ce soit. Et puisque vous envisagez sérieusement l'hypothèse d'un crime, je vais vous suivre sur ce terrain. C'est pourquoi je vais classer les personnes présentes ce jour-là au château en deux catégories : les inoffensifs et les suspects.

Scott Marlow nota que l'agent secret avait retrouvé une parfaite maîtrise de lui-même et s'exprimait avec le plus grand calme, presque avec détachement, comme s'il examinait un dossier.

— Auparavant, dit Higgins, j'aimerais vous consulter à propos de deux détails. Victoria était-elle croyante et se heurtait-elle à certaines difficultés pour restaurer l'une ou l'autre pièce du château ?

— Victoria, croyante... En la musique et en l'art, certainement, mais pour le reste... Je n'en sais rien. En ce qui concerne le château, elle avait une liberté absolue d'agir à sa guise. Et personne, croyez-moi, n'aurait osé l'en empêcher !

Higgins écrivait, d'une main sûre et rapide. Il travaillait à la manière d'un vieil alchimiste, laissant les éléments de l'enquête s'organiser d'eux-mêmes, sans interférence d'*a priori* ou d'idées toutes faites. De cette matière première surgirait peut-être la vérité, pure comme l'or.

— Commençons par Dick Stousnill, reprit Albert Vauxhall. C'était un spécialiste des laques et de la restauration de meubles anciens. Un doux idiot avec des doigts d'or qui jouait, mais qui jouait seulement, les amoureux fous de Victoria. En réalité, il n'aimait que son art et était tombé sur une belle mine de meubles précieux au château. Peut-être considérait-il Victoria comme l'un de ces chefs-d'œuvre d'une autre époque, sans s'apercevoir qu'elle était un être humain. Un type complètement inoffensif.

— Vos contacts avec lui ?

— Inexistants, inspecteur. Avec John Milford, un peintre animalier, j'ai eu de très mauvais rapports. Il faisait une cour effrénée à Victoria en insistant sur ses qualités d'artiste, et ça ne me plaisait pas. Sincère ou non, ce Milford était un idiot prétentieux et sa conduite me déplaisait. Si Victoria avait vécu et si la compétition avait continué, je l'aurais éliminé.

— De quelle manière ? demanda Scott Marlow, inquiet.

— Je n'en sais rien, mais j'aurais trouvé un moyen, croyez-moi. Une bonne correction aurait sans doute suffi.

— N'étiez-vous pas armé ?

— Bien sûr que si, superintendant. Tantôt un revolver, facile à dissimuler, tantôt une arme blanche. Une vieille habitude. Même dans un pays en paix, un homme comme moi n'est jamais trop prudent. De vieilles rancunes peuvent remonter à la surface.

— Même aujourd'hui ? s'enquit Higgins.

Vauxhall sourit.

— J'ai soixante-dix ans et je ne compte pas reprendre du service. Non, cette fois, je crois que c'est terminé et que je peux enfin dormir tranquille. Passons aux deux personnages beaucoup plus redoutables que les précédents, deux femmes, Millicent Gyntanil et Peggy Tuesday.

— Les classez-vous dans la catégorie des coupables éventuels ?

— Je n'irai pas jusque-là, mais leur potentiel de nuisance n'était pas négligeable. Millicent Gyntanil... Ah, elle savait donner le change, celle-là ! Professeur de français, bon chic bon genre, toujours tirée à quatre épingles, l'honnêteté personnifiée, la politesse glacée, récitant à tout bout de champ des vers stupides de poètes français sans intérêt... On aurait dû lui décerner le titre de championne du monde de l'hypocrisie.

— Faisait-elle semblant d'aimer Victoria ?

— Non, inspecteur, je ne crois pas. Au contraire, elle prenait grand plaisir à converser avec elle, mais ce n'était pas la littérature française qui l'intéressait.

— Pourriez-vous être plus clair, monsieur Vauxhall ?

— Cette Millicent n'avait qu'une idée en tête, si j'ose dire : le sexe. J'ai connu beaucoup de femmes de ce genre-là : complètement coincées, et tentant de vivre par délégation les passions qu'elles n'avaient pas pu assumer. Or Victoria était un cœur à conquérir, et nous étions plusieurs à assiéger cette merveille. Et qui occupait le poste d'observation idéal ? Millicent Gyntanil, bien sûr ! Elle vivait enfin une aventure exaltante, à travers les péripéties amoureuses de sa protégée.

Scott Marlow fut choqué, mais il dût reconnaître que l'analyse de l'agent secret n'était peut-être pas dépourvue de pertinence.

— Lui auriez-vous fait part de vos... soupçons ?

— Et comment ! Je n'allais pas rater une occasion pareille. Vous imaginez sa réaction ! La vérité l'a tellement blessée que le vernis a craqué et qu'elle est rentrée dans une rage folle. Ensuite, elle a donné à Victoria sa version édulcorée de notre petite querelle, m'a sans doute dépeint comme un individu douteux et peu recommandable, et a demandé à Victoria de briser toute relation avec moi. Mais Victoria n'en faisait qu'à sa tête.

Vauxhall se désaltéra, cette fois sans hâte ni nervosité.

— Il n'y a rien de plus à dire sur cette vieille fille perverse et inoffensive, poursuivit-il. L'infirmière qui massait Victoria, Peggy Tuesday, ne valait pas mieux. Une insatisfaite de la vie, une revancharde qui piquait les fesses d'autrui par haine de l'humanité, une marxiste jalouse du chant des oiseaux et de la verdeur de l'herbe, mais qui savait s'imposer aux riches et leur faisait croire qu'elle était indispensable.

— Ne détestait-elle pas le château et ses habitants ?

— Bien sûr que si ! Pour elle, Treadstone était l'horreur suprême, le mariage du capitalisme et de l'aristocratie. Et Victoria possédait toutes les qualités qu'elle n'aurait jamais.

— La jalousie de Peggy Tuesday devait être féroce.

— Je vois où vous voulez en venir, inspecteur. Victoria, la beauté, l'intelligence, la fortune, le château... C'était trop pour notre revancharde. Alors elle tend un piège à la châtelaine, et la précipite dans le vide, à Treadstone même. Un crime maquillé en accident, et le châtiment suprême pour une ennemie du peuple !

— Vous n'y croyez pas.

— Non, car cette chère Peggy était lâche et trop forte en gueule. Elle passait sa vie à maudire autrui mais n'osait pas agir. Un petit esprit avec des petits moyens, voilà ce qu'elle était. L'assassin de Victoria, à supposer qu'il existe, est forcément d'une autre envergure. Il a presque réussi le crime parfait, puisque vous ne reprenez l'enquête qu'après vingt-huit ans et que vous n'êtes pas sûr d'aboutir.

— À votre avis, pourquoi Victoria avait-elle recours aux services de Peggy Tuesday ?

— Par habitude et par charité. Peggy Tuesday était l'infirmière du coin, elle massait plutôt bien les dos fatigués et, de plus, Victoria jugeait nécessaire de bien la payer, au-delà des tarifs qu'elle demandait. Elle ne prenait pas au sérieux les récriminations de l'infirmière, et elle avait raison. Vous pouvez éliminer Mlle Tuesday de la liste des suspects.

Marlow n'était pas de cet avis, mais il préféra se taire ; pour le superintendant, les arguments de l'agent secret étaient parfois bien subjectifs.

— À présent, dit Albert Vauxhall avec gravité, passons aux choses sérieuses. Sur le moment, j'hésitais entre deux coupables. Après une si longue période de temps, je suis toujours incapable de choisir. Mais l'assassin de Victoria ne peut être que Raphaëla Kusdick ou Ornatus, duc de Paston et de Naswater.

CHAPITRE XXVI

Higgins tourna une nouvelle page de son carnet noir.

— Sur quoi se fondent vos accusations ? demanda Scott Marlow, intrigué.

— Je suis un professionnel, rappela Albert Vauxhall, et je ne m'aventure pas à la légère sur un terrain aussi glissant. Au château de Treadstone, j'ai eu le temps d'observer ces deux personnages et de découvrir des faces secrètes de leur caractère.

— Pour ne rien vous cacher, nous avons rencontré Raphaëla Kusdick.

— Ah... ça ne changera rien à ma position. Lui avez-vous parlé de moi ?

— Nous ne devrions pas trahir le secret de l'enquête, monsieur Vauxhall, mais je peux vous dire qu'elle éprouvait beaucoup d'estime à votre endroit. Elle pensait même que Victoria aurait dû vous épouser et que vous auriez fait un mari fort convenable.

L'agent secret ne dissimula pas son étonnement.

— Satanée Raphaëla... Elle est encore plus redoutable que je le supposais. Est-elle toujours aussi séduisante ?

— Mme Kusdick est une femme splendide, confirma Higgins.

— J'ai rarement vu quelqu'un de plus équilibré, dit Albert Vauxhall. Bien qu'elle fût une excellente nageuse et qu'elle eût une musculature de championne, Raphaëla était vraiment un superbe brin de fille.

— Aussi belle que Victoria ?

— Très différente... Je n'ai jamais songé à les comparer. Raphaëla était plus sauvage, plus violente que Victoria.

— N'était-elle pas sa meilleure amie ?

— Certainement, inspecteur, mais aussi sa pire ennemie.

— Pourquoi un tel jugement ?

— Raphaëla adorait la compétition et elle avait entamé une carrière de nageuse. Elle s'entraînait et elle avait des résultats, mais un détail la vexait : Victoria, simple amateur, nageait aussi vite que Raphaëla, et parfois même la battait. Et il en allait ainsi dans tous les domaines : Victoria avait une longueur d'avance sur Raphaëla. Amies, mais rivales. Et l'ambitieuse Raphaëla supportait de plus en plus mal cette situation. Plus d'une fois, j'ai discerné une lueur de meurtre dans ses yeux.

— Ce n'est tout de même pas une preuve ! s'insurgea Marlow.

— Dans mon métier, si, superintendant ; on a supprimé des adversaires pour moins que ça et on s'en est félicité après.

— Vous n'avez aucun autre indice ?

— Raphaëla voulait être la première et dominer Victoria. Elle a pris conscience qu'elle n'y parviendrait jamais et qu'elle serait toujours humiliée. Quelle solution lui restait-il, sinon de supprimer l'être qui la torturait ?

— Vous n'êtes quand même pas très sûr de vous, remarqua Higgins, puisque vous soupçonnez aussi le baron Ornatus.

— Bien vu, inspecteur. J'ai un doute, en effet, et je n'arrive pas à me décider. Raphaëla Kusdick serait la coupable idéale, mais comment éliminer Ornatus, ce noble dégénéré qui croit que le passé peut revenir ? Le pire, c'est qu'il était sincère. Être fou à ce point-là, ça me stupéfie ! En plus, Ornatus était un alcoolique invétéré qui était capable d'absorber d'incroyables quantités d'alcool sans paraître ivre. Il doit être mort de cirrhose du foie depuis longtemps.

— Avait-il de la fortune ?

— Il en avait eu, mais il était ruiné.

— De quoi vivait-il ?

— Dieu seul le sait ! Il tentait de donner le change en se parant de beaux costumes d'antan, mais ils étaient de plus en plus élimés.

— D'après vous, demanda Higgins, était-il réellement amoureux de Victoria ?

— Sans aucun doute ! Non seulement elle était belle et intelligente, mais encore possédait-elle un château et avait-elle une allure aristocratique. Pour lui, la femme rêvée. Le duc Ornatus était prêt à tout pour l'épouser.

— Ne misait-il pas sur le temps ?

— C'était son discours officiel, mais il n'était pas aussi patient qu'il tentait de le faire croire. Ornatus ne supportait plus d'être repoussé. Il exigeait une réponse, et je crois que cette réponse fut négative. Alors, il a décidé de se venger de cette insupportable humiliation. Quel meilleur cadre, pour un acte criminel, que le château de son impossible bien-aimée ?

— Vos preuves, exigea Scott Marlow.

— La personnalité du duc Ornatus. Ce type-là est un tueur, je vous le garantis. C'est un mégalomane dangereux qui ne supporte pas d'être contrarié ; et comme il l'a été, il s'est vengé. Victoria ne serait pas à lui, elle ne serait à personne. À vous de choisir entre le duc Ornatus et Raphaëla Kusdick, messieurs ; je vous ai donné les bonnes pistes, tirez les conclusions.

— Avez-vous prévu un voyage, ces jours prochains ? demanda Higgins.

— Je compte faire un tour au Moyen-Orient, mais je suppose que vous allez me demander de rester à Londres... C'est bien naturel, remarquez. Et puis je suis curieux de connaître le coupable. À propos, Ornatus est-il vivant ?

— Il l'est, et nous comptons bientôt l'interroger, répondit Higgins.

— Méfiez-vous, c'est un malin. N'oubliez pas qu'il est l'héritier d'une longue lignée d'aristocrates habitués à se tirer des mauvais pas. Ornatus ne croit ni aux républiques, ni aux démocraties ; il est persuadé que le pouvoir de décision retombera un jour entre des mains comme les siennes. S'il se sent soupçonné de meurtre, il inventera n'importe quoi pour vous détromper.

— Comptez sur notre vigilance, monsieur Vauxhall ; avec le duc Ornatus , comme avec les autres suspects, nous tâcherons de ne pas être naïfs.

— Bien, bien... Vous n'avez pas d'autres questions, inspecteur ?

— Vous n'avez pas d'autres souvenirs ?

— Non, pas pour le moment... Si la mémoire me revenait, après votre départ, je ne manquerais pas de prévenir le Yard.

*
* *

Quand il démarra en direction du domicile présumé du duc Ornatus, Marlow était de méchante humeur.

— Cet ex-agent secret est un homme dangereux, estima-t-il ; il nous raconte des fables pour mieux nous écarter de lui.

— Possible.

— Vous ne lui accordez quand même pas un quelconque crédit, Higgins ?

— Dans quelque temps, nous ferons le tri des déclarations des uns et des autres ; espérons qu'elles contiennent des éléments décisifs.

— Êtes-vous toujours persuadé qu'il s'agit bien d'un crime ?

— Sans pouvoir vous en donner la raison, je pense que l'hypothèse s'est transformée en certitude.

Au ton de Higgins, Marlow sentit qu'il était inutile de chercher à en savoir davantage. Lorsque l'alchimie intérieure de l'ex-inspecteur-chef avait commencé, il ne laissait personne la perturber.

Avec un bel élan, la vieille Bentley était sortie de Londres pour s'engager sur une petite route de campagne, bordée de haies bien entretenues, derrière lesquelles se cachaient les vergers.

La pluie ayant cessé et la route n'étant pas encombrée, le trajet fut d'assez courte durée. Le petit village de Boyers sommeillait, quelques vaches observèrent la Bentley qui se garait devant une vieille grange.

— Le Yard a dû commettre une erreur, déplora Marlow ; on m'a pourtant bien précisé que le château de Boyers se trouvait ici, un mile à droite, après l'entrée du village.

— Il y a un paysan, là-bas, demandons-lui de nous renseigner.

Scott Marlow avait horreur de la campagne, de l'herbe mouillée et de la boue ; il ne se sentait à l'aise que sur le macadam londonien. Néanmoins, le superintendant se fit violence pour sortir de la Bentley et interroger le paysan.

Quand il revint vers Higgins, Marlow était atterré.

— C'est là, c'est bien là... Depuis que le duc habite cette grange, on l'appelle « le château » !

CHAPITRE XXVII

— L'endroit ne manque pas de charme, estima Higgins ; je connais certains châteaux qui sont moins sympathiques. Espérons que le duc n'est pas sorti.

Les deux policiers traversèrent un champ des plus traditionnels sous le regard placide des mêmes vaches.

Sur l'un des poteaux de la grange, des armoiries dessinées à la craie. Allongé sur des bottes de paille, un septuagénaire vêtu d'un costume rouge élimé dormait profondément, la tête cachée par un chapeau de paille.

Higgins toussota. N'obtenant pas de résultat, il recommença, de manière plus appuyée.

Le chapeau de paille bougea. Une main l'ôta, découvrant une figure émaciée et austère, faisant penser à un conquistador. Les yeux marron étaient vifs et inquisiteurs. L'homme se redressa.

— À qui ai-je l'honneur, messieurs ?

— Inspecteur-chef Higgins et superintendant Marlow.

— La police de Sa Majesté, si je ne m'abuse ?

— Pour vous servir, monsieur le duc.

— Venez-vous me restituer les propriétés que m'ont volées les banquiers et quelques autres malandrins ?

— Malheureusement non.

— En ce cas, je ne perçois pas bien la raison de votre présence ici, sur mes terres.

— Est-ce votre... domicile ?

— Mon annexe pour les beaux jours. J'occupe provisoirement une ridicule maison au cœur du village avant de rentrer dans mon château et d'y occuper le rang qui est le mien. Cette mauvaise passe ne durera pas, et je saurai vaincre le sort contraire qui s'acharne sur moi depuis trop longtemps. N'est-ce pas dans l'adversité qu'on reconnaît un noble authentique ? Soyez nets, messieurs : que me voulez-vous ?

— Vous interroger dans le cadre d'une enquête criminelle.

— Surprenant. Et qui est la victime ?

— Victoria Mac Doughany.

— Victoria... Ma petite fée, celle dont j'étais éperdument amoureux, il y a si longtemps. Vingt-huit années se sont écoulées depuis sa mort, un 7 novembre. Une chute, par la fenêtre de la plus haute tour de son château. Une chute atroce qui a mis fin à un bonheur que nous espérions, l'un et l'autre. Je vous plains de ne pas avoir connu Victoria... Ophélie, Vénus, Hélène de Troie, elle était dix femmes en une. Une véritable aristocrate... Et elles sont si rares, de nos jours. Victoria était la femme qu'il me fallait, elle l'aurait compris un jour ou l'autre... si la mort n'était pas venue briser son destin.

Ornatus, duc de Paston et de Naswater, porta un minuscule monocle pour considérer ses visiteurs avec attention.

— Si je comprends bien, messieurs, la mort accidentelle de ma petite fée ne vous semble plus du tout accidentelle.

— Vous nous avez compris, approuva Higgins.

— Pour être sincère, ce qui n'est pas forcément une qualité, je m'attendais à ce que le passé revienne à la surface.

Marlow fronça les sourcils.

— Pour quelle raison ?

— Parmi les amis de Victoria, figurait une certaine Millicent Gyntanil, une intellectuelle grise et terne, sans grande valeur, qui s'était égarée dans la littérature française. Elle m'a envoyé une lettre récemment pour m'annoncer qu'elle désirait me voir et me parler de la tragédie.

— Est-elle venue, monsieur le duc ?

— Non.

— Pourriez-vous nous montrer cette lettre ?

— Je l'ai jetée, bien entendu. Pourquoi conserverais-je ce genre de document ?

Le duc Ornatus consulta sa montre de gousset.

— Gentlemen, il est l'heure de se désaltérer. Veuillez avancer trois tabourets, superintendant ; exceptionnellement, je m'occuperai moi-même du service. En certaines circonstances, il faut savoir se montrer héroïque.

L'aristocrate sortit de la paille une vulgaire bouteille sans étiquette, ni marque.

— C'est un alcool de fabrication locale, expliqua-t-il ; il est de médiocre qualité, mais il désaltère.

Le duc Ornatus avait conservé trois verres en cristal de roche qui auraient mérité d'orner les tables les plus exigeantes.

« Pas si mauvais », pensa Scott Marlow en goûtant le produit artisanal.

— Voyons, messieurs, comment pourrais-je vous être utile ?

— Nous soupçonnons l'un des proches de Victoria de l'avoir assassinée, précisa Higgins.

— Les proches de Victoria... La liste n'est pas si longue. Elle les avait rassemblés la veille de sa mort, lors d'une réunion inattendue et amusante à laquelle elle m'avait invité. Ma chère petite fée désirait qu'ils figurassent sur une photographie, devant son château.

— Millicent Gyntanil était-elle présente ?

— Bien entendu, mais pourquoi aurait-elle fait du mal à son élève ? Elles s'entendaient bien et prenaient plaisir à parler littérature.

— Pourtant, c'est bien Millicent Gyntanil qui vous a écrit.

— Je n'en suis pas si sûr.

— Pourquoi ce doute ?

— Parce qu'il y avait une faute d'orthographe. Et cette triste demoiselle était professeur de français.

Higgins prit des notes sur son carnet noir.

— Victoria était-elle très croyante, monsieur le duc ?

— Je n'en ai pas l'impression, ce qui ne me contrariait en rien. La noblesse est au-dessus des croyances, quelles qu'elles soient. Victoria croyait à l'avenir de son château, comme son frère Steven, dont c'était d'ailleurs la seule qualité.

— Vos rapports avec lui étaient-ils conflictuels ?

— Vous n'y pensez pas, inspecteur ! Comment aurais-je pu avoir des rapports quelconques avec ce petit propriétaire, ce vassal sans envergure ?

Le duc avait vidé son verre avec élégance et fut contraint d'attendre qu'au moins l'un de ses hôtes eût terminé le sien pour le remplir à nouveau. Par bonheur, Scott Marlow lui vint en aide.

— Vous n'étiez sans doute pas le seul chevalier servant de Victoria, avança Higgins.

— Le seul sérieux. Il y avait bien ce Stousnill, un artisan dont la châtelaine avait besoin ; un bon serviteur qui devait apprendre à se tenir à sa place. Quant au peintre Milford, dépourvu de génie et d'inspiration, il était si falot qu'il ne pouvait pas être dangereux. Ah, il y avait aussi un dénommé Vauxhall, un faux héros, un espion d'opérette. De toute manière, les guerres d'aujourd'hui n'ont aucun intérêt.

— Aucun de ces hommes ne vous semble suspect ?

— Vraiment aucun, inspecteur ; la personnalité de Victoria les écrasait tous. Aucun n'aurait osé y toucher.

— Et parmi ses amies ?

— N'évoquons même pas la ridicule Peggy Tuesday, une médiocre infirmière ; reste une certaine Raphaëla Kusdick. Une femme sportive, quelle horreur ! À quel point de dégénérescence sommes-nous arrivés ? Une agitée, incapable de rester en place. Comme elle en voulait toujours plus, elle a dû se heurter à un mur. Mais c'était la grande amie de Victoria et elle ne lui aurait fait aucun mal.

— Si je comprends bien, monsieur le duc, vous ne soupçonnez personne.

— Je n'ai pas l'habitude de me répéter, inspecteur, et je n'ai pas vocation à accuser autrui de meurtre.

— Refuseriez-vous de nous aider ou croyez-vous que nous faisions fausse route ?

— Question sans intérêt.

— L'assassinat de Victoria vous laisserait-il indifférent ?

— Je dois admettre que Victoria incarne le seul véritable échec de mon existence. Elle devait m'épouser et elle est morte. Ce chapitre est à présent terminé, et je n'ai pas l'intention de le poursuivre à titre posthume. En mourant avant de m'épouser, Victoria n'a pas été à la hauteur.

Scott Marlow s'empourpra, sous le double effet de l'alcool local et de l'indignation.

L'aristocrate se leva.

— Heureux de vous avoir connus, messieurs.

CHAPITRE XXVIII

La sonnerie aigrelette du téléphone de voiture troubla la tranquillité de la campagne. Une vache noire et blanche agita la queue en signe de désapprobation.

Marlow courut vers la Bentley et décrocha.

— Oui, c'est moi... Vous avez essayé de me joindre plusieurs fois ? J'étais en interrogatoire ! Bon, qu'est-ce qu'il y a... Au château, vous êtes sûr ? Je m'en occupe.

Pensif, Higgins s'installa sur son siège.

— Nous fonçons à Treadstone, annonça Marlow. Il y a un cambrioleur qui s'est introduit dans la bâtisse, Steven Mac Doughany a prévenu le Yard qui vient de nous appeler.

Moins de vingt minutes plus tard, la vaillante Bentley avait amené les deux hommes à bon port.

Devant l'entrée du château, Steven Mac Doughany avec un fusil de chasse.

— C'est une arme de collection incapable de tirer, précisa-t-il, mais elle m'aurait permis de tenir en respect mon visiteur inattendu s'il avait tenté de s'enfuir.

— Où se trouve-t-il ?

— Dans la tour du milieu, au deuxième étage ; j'ai vu des lueurs à plusieurs reprises ; probablement une lampe de poche.

— Est-il vraiment seul ? interrogea Higgins.

— Je l'ignore, inspecteur.

— Il vaudrait mieux demander des renforts, estima Marlow.

— Je vais voir, annonça l'ex-inspecteur-chef.

— Mais enfin, Higgins ! Vous n'êtes même pas armé !

Higgins s'engageait déjà dans l'escalier qui menait aux étages de la tour suspecte. Se déplaçant comme un chat, il ne faisait aucun bruit. Marlow et Steven Mac Doughany le suivirent, à bonne distance.

Higgins repéra l'endroit d'où provenaient de petits bruits. Il s'agissait d'une petite pièce non restaurée, aux murs humides.

S'éclairant avec une lampe de poche, un homme en imperméable était accroupi devant une commode.

— Que faites-vous ici ?

Tétanisé, l'homme laissa tomber un outil et sa lampe de poche. Il se redressa avec peine.

— Ne me faites pas de mal, je vais vous expliquer...

Marlow fit irruption dans la pièce.

— Vous êtes en état d'arrestation, mon gaillard !

Steven Mac Doughany éclaira la pièce avec une torche.

— Dick... Dick Stousnill... Mais pourquoi êtes-vous ici ?

Le cambrioleur porta la main à son cœur et recula, comme s'il venait de voir un fantôme.

— Steven ! Vous... Vous n'êtes pas mort ?

— Si nous tirions cette situation au clair ? proposa Higgins.

C'est dans le grand salon que le maître des lieux offrit un cordial à ses hôtes, pour que chacun se remette de ses émotions. Dick Stousnill, un homme de 72 ans, voûté et presque chauve, tremblait encore.

— Pouvez-vous vous expliquer ? demanda Steven Mac Doughany.

— Oh, c'est tout simple ! J'ai appris, par un appel téléphonique de John Milford, que vous veniez de décéder. Comme vous n'avez pas d'héritier, j'ai aussitôt pensé que le mobilier du château allait être dispersé. Donc, une merveilleuse commode d'époque Tudor, à décor de laque en panneaux de paravent allait tomber entre je ne sais quelles mains ! Or, cette œuvre a un secret : vingt couches de laque au lieu des dix-huit obligatoires, mais une touche de vernis sans épaisseur, sans ride, sans bulles. Je voulais découper un panneau pour l'étudier.

Scott Marlow fronça les sourcils.

— Scotland Yard n'est pas parvenu à obtenir votre adresse, mais Milford la connaissait ! Comment est-ce possible ?

L'artisan baissa la tête.

— Je n'ai pas beaucoup d'économies et j'essaye d'échapper au fisc... C'est pourquoi je travaille dans un atelier avec un nom d'emprunt et je vis à l'hôtel. Dans le milieu, tout le monde est au courant, mais on se serre les coudes. Vous... vous n'allez quand même pas m'arrêter !

Higgins s'adressa à Steven Mac Doughany.

— Aurez-vous l'obligeance de nous laisser seul avec monsieur Stousnill ?

Le châtelain s'éclipsa.

Le spécialiste de la restauration des laques était terrorisé.

— Je n'aurais pas dû venir, je l'admets, ce fut une terrible erreur, mais il faut me pardonner...

Si je suis condamné, je ne trouverai plus de travail, et ce sera la misère. Soyez indulgents, je vous en prie !

— Vous n'avez pas d'économies ?

— Je suis un panier percé, inspecteur ! Dès que je gagne un penny, je m'achète des outils anciens ou des traités hors de prix. Les meubles anciens sont une passion dévorante.

— Que vous a dit John Milford, au téléphone ?

— Il m'a annoncé le décès de Steven, rien de plus. Et le passé m'est remonté à la gorge, avec une force que je ne soupçonnais pas.

— C'est précisément sur ce passé que le superintendant Marlow et moi-même désirons vous interroger.

Dick Stousnill se ratatina sur lui-même.

— J'ai beaucoup d'impôts en retard, inspecteur, mais il faut me comprendre... La vie d'un artiste n'est pas toujours facile. Et je ne comprends rien à la fiscalité.

— Nous ne nous intéressons pas à vos déboires financiers, monsieur Stousnill, mais à la mort de Victoria Mac Doughany.

Le regard de l'artisan s'illumina.

— Victoria... Comme je l'aimais ! C'était une véritable déesse, et je n'exagère pas... La beauté, oui, la beauté dans toute sa perfection. L'admirer chaque jour, c'était mon vœu le plus cher. C'est pourquoi je trouvais n'importe quel prétexte pour travailler au château, même gratuitement.

— N'espériez-vous pas l'épouser ?

Dick Stousnill sourit tristement.

— Dites plutôt que je désespérais de l'épouser... Je n'étais ni beau, ni riche, ni intelligent. Comment Victoria aurait-elle pu s'intéresser à moi ? Je n'ai jamais eu la moindre illusion, d'autant plus qu'elle était très courtisée, et par des hommes qui m'étaient très supérieurs. Alors, je me contentais de la contempler, d'être près d'elle.

— L'acceptait-elle ?

— Ni elle ni son frère Steven ne m'ont jamais rien reproché... Et puis, je restaurais de nombreux meubles en très mauvais état.

— Ne vous êtes-vous pas heurté à Steven Mac Doughany ?

— Nous avons eu quelques mots, une fois, parce que je rêvassais un peu trop, mais il n'y eut aucune conséquence. Steven est un homme très sérieux, rigoureux, qui exige que le travail, quel qu'il soit, soit bien fait. Le travail : telle est son unique religion.

— Et celle de Victoria, aussi ?

— Victoria avait fini par s'identifier à son château. Pour elle, Treadstone était un être vivant auquel elle se sacrifiait.

— Vous parliez de plusieurs rivaux, monsieur Stousnill.

— Victoria était si attirante... Plusieurs hommes tournaient autour d'elle, quoi de plus normal ?

— Savez-vous si elle fut la maîtresse de l'un d'entre eux ?

L'artisan fut troublé.

— C'est curieux... Je ne m'étais jamais posé cette question. Pour moi, elle apparaissait comme une femme inaccessible qui ne pouvait pas se comporter comme les autres.

— Qui était le plus empressé ?

— À sa manière, le duc Ornatus. Lui, le seigneur, prenait tous les autres pour ses vassaux. Il demeurait inabordable et dédaigneux, et affichait sa certitude d'être un jour le mari choisi par Victoria.

— N'avez-vous pas eu l'occasion d'être le voisin du duc Ornatus, lors d'un événement exceptionnel ?

— Non, je ne vois pas...

— Je vais aider votre mémoire défaillante, monsieur Stousnill : cet événement s'est produit la veille de la mort de Victoria.

— Ah oui ! Vous voulez parler de cette photographie qui a rassemblé tous les amis de Victoria... En effet, le duc Ornatus était présent. Malgré ses titres de noblesse, il ne s'était pas soustrait à la volonté de la châtelaine. Il ne nous a pas accordé le moindre regard, mais il a posé, comme tout le monde, devant l'objectif du photographe. Si je me souviens bien, c'était le jardinier... Il n'y connaissait rien, mais Victoria lui a donné les indications nécessaires. Et elle s'amusait tellement ! Pourtant, le lendemain...

Dick Stousnill ferma les yeux.

— Pour vous, c'était un accident ?

L'artisan rouvrit les yeux ; effaré, il regarda Higgins.

— Mais... Bien sûr ! Pourquoi me posez-vous cette question ?

— Parce que nous croyons qu'il s'agit d'un meurtre.

CHAPITRE XXIX

Un long silence s'établit. Le regard de Dick Stousnill flottait dans le vague.

— Un meurtre... Vous voulez dire que quelqu'un aurait tué Victoria ? Mais ce n'est pas possible ! Tout le monde aimait Victoria, elle n'avait fait de mal à personne.

— Quels étaient vos autres rivaux ? interrogea Higgins.

— Je n'aime pas ce mot-là, inspecteur, parce qu'il n'est pas exact. Je n'étais le rival de personne. Et c'était à Victoria, et à Victoria seule, de prendre une décision. Il y avait John Milford, c'est sûr, qui l'aimait sincèrement et qui aurait bien voulu l'épouser...

— Votre ami ?

— Non, mais un homme plutôt sympathique. Ce n'était pas un peintre génial, mais un excellent technicien qui a fait carrière. Lui, la mort de Victoria l'a peut-être sauvé.

— Qu'est-ce que ça signifie ? intervint Scott Marlow.

— John Milford était passionnément amoureux de Victoria, mais je ne crois pas qu'elle l'aurait épousé. Les sentiments qu'éprouvait Milford le détruisaient à petit feu. Il en aurait fini par oublier sa profession et se serait consumé sur place.

— Parliez-vous métier, entre vous ?

— Très peu. Nos spécialités étaient trop éloignées.

— Dans quelles pièces du château avez-vous travaillé ?

— Un bon nombre, inspecteur ; il y a de beaux meubles un peu partout, ici.

— Eh bien, montrez-les-nous.

— Maintenant ?

— Maintenant.

— Par où voulez-vous commencer, inspecteur ?

— Par la tour qui se trouve en face de la tour principale.

Résigné, l'artisan guida les deux policiers. Les deux premières pièces qu'ils visitèrent avaient été restaurées et servaient d'écrin à des superbes commodes du XVIe siècle sur lesquelles Dick Stousnill avait travaillé avec amour ; aussi ne manqua-t-il pas d'en faire un éloge appuyé.

La troisième porte était fermée.

— Êtes-vous déjà entré ici ?

— Je ne crois pas, inspecteur.

— Veuillez vous reculer, monsieur Stousnill, et vous retourner.

Malgré la désapprobation de Scott Marlow, Higgins utilisa un petit outil métallique à têtes multiples que lui avait offert l'un des meilleurs perceurs de coffre-forts du Royaume-Uni, après son départ à la retraite.

Ni bruit ni trace d'effraction. Lorsque Higgins autorisa Dick Stousnill à se retourner, la porte était ouverte.

— La serrure devait être un peu rouillée, commenta l'ex-inspecteur-chef ; en la caressant dans le bon sens, elle a cédé. Entrons, voulez-vous ?

Les murs étaient lépreux, le parquet abîmé. Mais au fond de la pièce, plongée dans l'obscurité, se trouvait une admirable commode en merisier.

— Ah oui, je me souviens... Les volets de cette pièce n'étaient jamais ouverts. Je pensais qu'elle était condamnée, parce qu'il s'agissait d'une sorte de remise.

— Eh bien, ouvrons-les, ces volets ; nous y verrons plus clair.

Scott Marlow voulut s'acquitter de cette tâche.

— Laissez, superintendant, je m'en occupe.

Le grincement fut modeste.

Dès que la clarté de la fin du jour pénétra dans la pièce, Dick Stousnill s'agenouilla devant la commode et l'examina de près.

— Une pièce superbe, réalisée par un maître ébéniste, qui a choisi un merisier exceptionnel. Mais... Mais je ne comprends pas !

— Qu'est-ce qui vous intrigue ?

— Regardez vous-même, inspecteur !

— Un beau meuble, des lignes très pures, mais en mauvais état, me semble-t-il.

— Certes, mais pas pour n'importe quelle raison ! Ce type de bois ne supporte pas les rayons du soleil. On jurerait que les volets étaient sans cesse ouverts et l'ont frappé de plein fouet pendant plusieurs années. Or, je peux jurer que je n'ai jamais vu ces volets ouverts ! C'est invraisemblable.

— Victoria vous a-t-elle parlé de cette pièce ?

— Non, inspecteur... Je ne crois pas.

Higgins referma les volets et convia l'artisan à retourner dans le grand salon.

— Vous... Vous ne voulez pas voir d'autres meubles que j'ai restaurés ?

— Ce ne sera pas nécessaire ; j'ai constaté que vous êtes un remarquable technicien.

Dick Stousnill rosit.

— J'aime mon travail... Je l'aime plus que tout. Voir un vieux meuble recouvrer une nouvelle jeunesse, voir une laque étinceler comme un astre, quelle belle récompense ?

Les trois hommes retournèrent au grand salon ; Higgins remit une bûche dans la cheminée.

— Parlez-nous des autres personnes qui figuraient sur la photographie, monsieur Stousnill.

— Vous... Vous cherchez des indices ? Je ne voudrais pas devenir un délateur !

— Nous exigeons votre témoignage, précisa Marlow.

— Oui, oui, c'est bien naturel... Laissez-moi réfléchir. Il y avait Millicent Gyntanil, la culture faite femme, une personne admirable dont les connaissances me stupéfiaient et me faisaient rêver. Je n'ai pas osé l'aborder, tant elle me semblait lointaine et inaccessible. S'il était quelqu'un qui ne voulait que du bien à Victoria, c'était Mlle Gyntanil. Ce n'était pas le cas de tout le monde...

— Par exemple ?

— Par exemple, Albert Vauxhall ! Il me terrifiait, car j'avais l'impression qu'il manipulait les gens... Mais quel but poursuivait-il ? Ce Vauxhall ne cessait pas de tourner autour de Victoria comme un oiseau de proie. Si j'avais eu la force de l'en empêcher... Mais comment lutter contre un être aussi menaçant ? Et cette infirmière, Peggy Tuesday... une intrigante ! Sous prétexte de masser Victoria, elle cherchait à s'emparer du château et à y régner. Je suis persuadé qu'elle espérait briser Victoria afin de l'empêcher de devenir châtelaine. Elle était pourtant moins dangereuse que la sorcière !

— Qui appelez-vous ainsi ?

— Raphaëla Kusdick, évidemment ! Pour une femme, elle avait une force physique anormale. Comme je ressentais sa violence rentrée, toujours prête à éclater ! Cette sorcière voulait exercer sa domination sur Victoria ; quand elle n'y parvenait pas, elle se mettait en colère. S'en écarter était la seule solution raisonnable.

— La considérez-vous comme une criminelle possible ?

Dick Stousnill détourna son regard.

— Vous ne pouvez pas m'obliger à répondre à une question pareille, superintendant ! Je ne suis pas policier, je suis incapable de porter pareille accusation !

— C'est de l'assassinat de Victoria dont nous parlons, rappela Higgins.

— Non, impossible... C'était un accident. Personne n'a pu commettre une telle horreur. Victoria n'avait aucun ennemi, je vous le répète.

— Si vous savez quelque chose de précis, monsieur Stousnill, c'est le moment de nous le confier.

L'artisan se voûta davantage.

— Ma vie, inspecteur, ce sont les meubles d'époque et les laques anciennes... Je connais peu les êtres humains et je m'adapte assez mal à leur monde. Finalement, je suis incapable de les juger. Victoria fut, pour moi, une apparition, et le restera. J'appartiens au passé, inspecteur ; le présent et l'avenir n'ont aucun sens pour moi.

Steven Mac Doughany se présenta sur le seuil du grand salon.

— Avez-vous terminé, inspecteur ?

— M. Stousnill est libre ; il serait bon qu'il résidât au château.

— Aucun problème ; je l'installe dans la chambre d'amis.

— Dès que vous nous aurez rendu ce petit service, monsieur Mac Doughany, le superintendant et moi aimerions discuter avec vous.

— Avec plaisir, inspecteur ; nous pourrions dîner dans la cuisine ? J'ai d'excellents harengs.

CHAPITRE XXX

Les harengs de Steven Mac Doughany étaient goûteux à souhait. Le superintendant Marlow ne bouda pas son plaisir, d'autant plus qu'ils étaient accompagnés d'une savoureuse bière brune, charpentée à souhait.

Malgré l'excellence de ces nourritures terrestres, le châtelain arborait une mine triste, comme s'il continuait à porter le deuil de sa sœur.

— Avez-vous progressé dans votre enquête, inspecteur ?

— C'est possible, monsieur Mac Doughany.

— Vous n'en êtes pas certain ?

— Trop tôt pour le dire.

— Ah... Et vous avez quand même bon espoir ?

— À condition que vous ne dissimuliez pas certains faits qui pourraient être essentiels.

À une attaque aussi vive et inattendue, Steven Mac Doughany ne pouvait que réagir avec vigueur. Mais le haut fonctionnaire garda son calme.

— Vous me surprenez, inspecteur.

— Dans le *Manuel de criminologie* de M.B. Masters, il est indiqué que, dans la plupart des crimes, le coupable est l'un des proches de la victime.

— Autrement dit, vous me soupçonnez d'avoir assassiné ma sœur.

— Si c'était le cas, je vous l'aurais dit de façon plus directe. Mais je vous accuse d'avoir dissimulé l'une de vos activités, le jour de la mort de Victoria.

Steven Mac Doughany fronça les sourcils et posa ses couverts sur la table.

— Avez-vous interrogé mes principaux collaborateurs ?

— Bien entendu.

— Auraient-ils contredit mes déclarations ?

— Non, mais ils les ont complétées. Et je ne crois guère à une défaillance de votre mémoire.

— Je suis allé au bureau comme d'habitude, j'ai convoqué mes collaborateurs, j'ai traité des dossiers... Que vous dire de plus ?

— Fouillez bien dans vos souvenirs.

— Je peux faire mieux encore, inspecteur ; patientez un moment, je vous prie.

Steven Mac Doughany disparut une dizaine de minutes et revint avec un cahier d'écolier.

— Jusqu'à la mort de Victoria, j'ai tenu une sorte de journal intime, à vrai dire peu fourni, car il ne m'arrivait pas grand-chose. Néanmoins, je notais des détails insolites qui venaient troubler mon quotidien.

Le châtelain consulta la dernière page du cahier.

— Je crois avoir découvert ce qui vous chiffonne, inspecteur... La tentative de cambriolage de nos archives ?

— Exactement.

— Et je ne l'ai pas mentionnée ?

— En aucune manière.

— C'est étrange, je le reconnais... Mais ce n'était pas un véritable cambriolage. On s'était introduit dans nos locaux, c'est certain, mais rien n'avait été volé. Sans doute quelqu'un avait-il voulu consulter un dossier. Dans quelle intention, je ne l'ai jamais su.

— Comment avez-vous réagi ?

— Comme le délit était bénin, je ne suis allé au commissariat qu'en fin de matinée pour y faire une déclaration écrite en bonne et due forme. J'ai sacrifié mon déjeuner pour accomplir cette démarche qui fut d'ailleurs assez longue, car j'ai dû attendre longtemps. Ensuite, je suis revenu au bureau.

— Quel type de dossier avait-on consulté ?

— Des archives concernant des travaux réalisés sur des canaux de l'ouest, il y a plus de vingt ans. Peut-être un propriétaire qui voulait des dédommagements de l'État. Je vous le répète, je n'ai eu aucun écho de l'administration centrale.

— Vous avez donc rédigé et signé une déposition ?

— Bien entendu.

— Mais vous avez oublié de signaler cet épisode ?

— En effet... et cet oubli me rend suspect à vos yeux. Je comprends, inspecteur, je comprends... Et je m'aperçois que la vieillesse de l'âme n'est malheureusement pas un vain mot. J'étais pourtant un fonctionnaire précis et méticuleux, si perfectionniste que mes collègues me maudissaient parfois. Et voilà où j'en suis réduit... À être incapable de décrire impeccablement cette horrible journée. Mon seul avenir, c'est de me terrer ici et de m'y endormir dans le sommeil de la mort.

— Pourrais-je consulter votre journal intime, monsieur Mac Doughany ?

Le châtelain remit le document à l'ex-inspecteur-chef.

Higgins l'examina avec attention et constata que les pages étaient jaunies et l'encre passée. Ces pages n'avaient pas été écrites récemment.

— Il y a vingt-huit ans, n'avez-vous pas employé un jardinier ?

— Si, le vieux Pudgill, qui avait été au service de mes parents. Employé est un bien grand mot... Pudgill faisait ce qu'il voulait et n'obéissait à personne. Il avait fini par croire que le parc et les jardins lui appartenaient, et que lui seul était capable de s'en occuper. Un homme bourru, qui ne parlait à personne, sauf parfois à Victoria.

— N'a-t-il pas été témoin du drame ?

— Non, car c'était son jour de congé.

— Que saviez-vous de lui ?

— L'existence de Pudgill n'avait rien de mystérieux ! Il vivait au village et venait au château six jours sur sept et traquait la moindre mauvaise herbe. C'est lui, et lui seul, qui s'occupait de ses outils, avec un souci maniaque. Je ne le voyais que pour la paye, et il ne me disait même pas merci.

— Était-il marié ?

— Non, célibataire endurci. Il habitait chez sa mère.

— Est-elle toujours vivante ?

— Elle doit avoir plus de cent ans !

— Où se trouve sa maison ?

— C'est une vieille demeure, petite mais confortable, derrière le cimetière.

Higgins consulta son carnet noir.

— Nous avons recherché les personnages figurant sur la photographie prise la veille de la mort de votre sœur, révéla Higgins.

— Une recherche couronnée de succès ?

— Ils sont tous vivants, et nous avons pu les interroger.

— L'un d'eux a-t-il avoué son crime ?

— Nous avons rarement autant de chance, monsieur Mac Doughany. N'avez-vous pas revu l'un d'eux, ici ou ailleurs ?

Le châtelain se concentra.

— Non, je n'en ai revu aucun... Ni ici ni ailleurs. Je n'aurais pas pu oublier une telle rencontre.

— Que venait chercher Dick Stousnill, à votre avis ?

— Je l'ignore, inspecteur.

— Auriez-vous l'amabilité d'explorer votre château et de vérifier qu'aucune pièce majeure n'a été dérobée ?

— Je le ferai, inspecteur.

— Le superintendant et moi-même aimerions dormir ici, est-ce possible ?

— Bien entendu, si vous acceptez un confort un peu spartiate.

*
*   *

La chambre de Higgins n'était pas chauffée, mais elle disposait d'un atout majeur : un lit ancien, équipé d'un sommier et d'un matelas bien durs. Pour le dos, le paradis. L'ex-inspecteur-chef dédaigna l'électricité et fit jaillir la flamme d'une bougie, grâce à une longue allumette à l'extrémité correctement souffrée, puis se glissa sous les draps pour lire le journal de Steven Mac Doughany.

Le texte n'était pas un chef-d'œuvre littéraire et ne fournissait aucune information sur les sentiments et les pensées du rédacteur. Ce n'était qu'un catalogue de petits événements quotidiens, décrits avec sécheresse.

L'ennui gagna vite Higgins qui, par conscience professionnelle, s'obligea à lire la totalité du cahier. Ce dernier ne lui procura aucun élément nouveau.

Higgins terminait un copieux petit déjeuner, face à un Marlow encore ensommeillé, quand il aperçut un rouge-gorge qui faisait sa toilette dans une flaque d'eau, devant la fenêtre de la cuisine. Il songea au *Sonnet oublié* de Harriet J.B. Harrenlittlewoodrof :

Tel le chant d'un oiseau,
Le matin, dans la bruyère,
Le souffle de l'automne
Passe sur les grands chênes.

Steven Mac Doughany fit irruption dans la vaste pièce où flottait une agréable odeur de café.

— On vous demande au téléphone... C'est Scotland Yard.

Marlow se dévoua.

Quand il réapparut, il était tout à fait réveillé.

— Le duc Ornatus vient d'être assassiné, annonça-t-il d'une voix sombre.

CHAPITRE XXXI

Même les vaches du paisible petit village sursautèrent. Avec l'évolution du progrès technique, elles s'étaient pourtant habituées à quantité de bruits plus ou moins supportables. Mais ce vacarme-là ferait tourner le lait.

La moto de Babkocks, le meilleur médecin légiste du royaume d'après Higgins, était une antiquité que le praticien avait ramenée d'El-Alamein. Malheureusement, Babkocks avait réussi à la réparer, et elle continuait à rouler, au prix d'épouvantables pétarades. Vêtu d'une veste de cuir de la Royal Air Force, dont il bourrait les poches de déchets de tabacs exotiques, le légiste fumait de gros cigares qui répandaient une odeur nauséabonde et faisaient le vide autour de lui.

Babkocks coupa les gaz et but une nouvelle rasade de whiskey irlandais de contrebande, dont il se servait comme désinfectant. Les vaches recommencèrent à brouter et les habitants du village à respirer.

L'ex-inspecteur-chef vint à la rencontre du médecin-légiste.

— Ce vieil Higgins ! Heureux de te revoir.

— Moi aussi.

— Grâce à ton plan, je ne me suis perdu que trois fois. Un crime campagnard ?

— Plus ou moins.

— Plutôt rasoir, le coin ; on ne doit pas y danser la java tous les soirs. Remarque, ça me changera d'une série d'autopsies d'une banalité affligeante. Pourquoi les jeunes mariées s'acharnent-elles à tuer de manière stupide leurs vieux maris fortunés ? Quand on veut maquiller un crime en suicide, on se documente et on n'improvise pas. C'est vraiment la bêtise qui mène le monde. Où se trouve mon client ?

— Dans le château, là-bas.

Babkocks se frotta les yeux.

— Je n'ai presque rien bu ce matin... Ce ne serait pas une grange, ton château ?

— La victime, Ornatus, duc de Paston et de Naswater, l'appelait ainsi pour mieux vivre dans son rêve.

— Encore l'un de ces nobliaux ruinés qui ont oublié de changer d'époque. Bon, allons-y.

Entourant le cadavre du duc, Scott Marlow et des policiers en uniforme. Allongé sur des bottes de paille, vêtu d'un costume rouge élimé, la tête cachée par un chapeau de paille, Ornatus semblait dormir.

Mais la fourche plantée dans sa poitrine montrait qu'il s'agissait d'un sommeil définitif.

— Encore une arme du crime qui ne parlera pas, estima Babkocks ; l'assassin l'a dénichée sur place, et il aura mis des gants. L'identité judiciaire a-t-elle fait son boulot ?

— C'est terminé, dit Marlow.

— Alors, à moi de jouer ; quittez tous cette grange et laissez-moi seul.

Babkocks avait mis au point des techniques très particulières sur lesquelles il gardait un secret absolu. Comme il obtenait de remarquables résultats, personne n'osait s'attaquer à sa farouche indépendance.

Une pluie fine embellissait la campagne anglaise et rendait luisant le pelage des vaches. Higgins et Marlow se tinrent à l'abri d'un appentis, pendant que Babkocks officiait. La journée s'annonçait douce et paisible.

— Pourquoi ce vieil aristocrate a-t-il été tué ? demanda Marlow ; il était complètement inoffensif !

— Les apparences sont parfois trompeuses, superintendant.

— Cette situation est absurde ! Une femme morte il y a vingt-huit ans, un éventuel assassin qui n'est peut-être qu'une ombre, et à présent, un vrai crime sans aucun mobile ! C'est à désespérer de toute logique, Higgins.

— Ne désespérons pas, mon cher Marlow ; ce n'est pas la réalité qui est aveugle, mais notre regard.

— Et vous... Vous y comprenez quelque chose ?

— Ce serait trop m'avancer, mais quelques lueurs apparaissent dans les ténèbres.

— Jusqu'à présent, confessa Marlow, je croyais que nous enquêtions dans le vide, à cause d'un fantôme qui hante la mémoire de Steven Mac Doughany. Mais maintenant... Il y a vraiment meurtre ! Et si... S'il n'y avait aucun lien entre la disparition de Victoria et la mort du duc Ornatus ?

— C'est une hypothèse qu'il ne faut pas rejeter.

— Hier soir, j'ai cru que vous alliez accuser Steven du meurtre de sa sœur.

— Son oubli ne vous a-t-il pas semblé invraisemblable ?

— Ne s'est-il pas justifié, grâce à son journal intime ?

— De la manière la plus éclatante, en effet ; ce document n'a pas été maquillé.

— Vous êtes vraiment très soupçonneux, Higgins.

— N'est-ce pas une vertu primordiale, dans notre métier ?

— Nous avons un véritable crime sur les bras, à présent... Mais qui ce vieux duc désargenté pouvait-il menacer ?

— Si nous répondons à cette question, superintendant, le voile se déchirera.

Babkocks sortit de la grange, grognon.

— Quel sale temps... On n'est vraiment pas à El-Alamein. Vous ai-je raconté comment j'avais repoussé presque seul une armada de chars allemands ? Ils croyaient nous avoir, en contournant les dunes ; mais moi, j'avais l'œil.

— Et à propos de la victime ?

— Je ferai l'autopsie, comme d'habitude, mais elle ne devrait pas m'apprendre grand-chose. Un alcoolique de ce calibre-là encore en vie, ça tient du miracle ! Tous ses organes doivent ressembler à des fruits confits... Ça pouvait le rendre presque immortel, note bien. Aucune trace de coup ni de blessure, à part les trois trous nets et profonds de la fourche ; l'assassin qui l'a maniée n'y est pas allé de main morte !

— Une femme aurait-elle pu agir ?

Babkocks fit la moue.

— Une femme plutôt musclée... Une miniature aurait frappé moins fort. Si tu as des petites poupées parmi tes suspectes, élimine-les. Mais si tu as en magasin une solide paysanne, creuse le terrain. En tout cas, l'assassin n'a laissé aucune chance à sa victime ! Un beau déclenchement de haine... Tout a dû se passer très vite. Bon, je peux emporter mon client ?

CHAPITRE XXXII

Pour une centenaire, Mme Pudgill affichait une belle santé. Elle faisait encore le ménage et la cuisine, s'occupait de sa basse-cour, cuisait elle-même son pain et ne supportait pas qu'on lui parle de son âge. Les nouvelles générations comptaient trop de gringalets affligés de mille et une maladies. L'humanité allait en s'affaiblissant, parce que les gens étaient beaucoup trop assistés. Les Pudgill avaient passé leur existence sans demander d'aide à quiconque et ils s'en étaient toujours bien portés.

Alors que la centenaire balayait le seuil de sa demeure, deux hommes se présentèrent devant elle. Le premier était bedonnant et mal fagotté, le second mince et fort élégant.

— C'est moi que vous cherchez ?

— Je suis l'inspecteur-chef Higgins, et voici mon collègue le superintendant Marlow.

— Je n'ai jamais rien dit à la police et je ne lui dirai jamais rien ; les Pudgill ont toujours été des gens honnêtes.

— On nous a mal renseignés, déplora Higgins ; vous ne devez pas être la dame centenaire que nous cherchions ?

— Mais... Pourquoi ?

— Parce que vous êtes beaucoup plus jeune.

— C'est bien moi, inspecteur, et c'est bien mon âge !

Mme Pudgill avait eu raison de coiffer ses cheveux blancs et de passer une robe neuve à carreaux, sans savoir pourquoi elle se mettait ainsi en frais ; les voies du destin étaient vraiment impénétrables.

— Si nous ne vous importunons pas, madame, nous accorderez-vous un entretien ?

— Entretien, entretien... Je n'en sais rien, mais entrez.

Sous le regard acéré de la centenaire, Marlow et Higgins s'essuyèrent longuement les pieds sur le tapis.

L'intérieur était coquet ; il y régnait un parfum de lavande, et les outils agricoles accrochés aux murs évoquaient une époque disparue, avant que la technologie moderne ne s'emparât des campagnes.

— Une bonne tisane, messieurs ?

Même Marlow apprécia la saveur du breuvage où, il est vrai, la centenaire avait ajouté une goutte de brandy.

— Alors, messieurs, pourquoi Scotland Yard veut-il arrêter la doyenne du village ?

— Loin de nous cette intention, protesta Higgins.

— Je connais celle qui a porté plainte contre moi : c'est cette chipie de Maggy, toujours fourrée à l'église, mais dont la seule occupation est de calomnier autrui ! Voilà quinze ans qu'elle m'accuse de lui voler ses poules et de les manger. C'est totalement faux. D'abord, je n'aime pas les poules ; ensuite, si j'en mangeais, je ne choisirais pas les siennes ; enfin, je n'ai aucun compte à rendre à cette grenouille de bénitier.

— L'opinion de Maggy nous indiffère.

— Tant mieux. Vous mangerez bien une tartine de lard avec du saindoux ? Les jeunes ne savent plus se nourrir, aujourd'hui ; ce qu'ils mangent ne leur tient pas au corps, et ils tombent malades. J'espère que la police s'alimente correctement.

Marlow fut ravi, Higgins songea aux protestations justifiées de son foie ; mais il fallait en passer par là pour poursuivre le dialogue.

— Alors, qu'est-ce que vous lui voulez, à la vieille Pudgill ?

— Nous aimerions vous parler du château de Treadstone et de ses propriétaires.

— Ah, le château... Une belle bâtisse. Trop grande pour si peu de monde... Tous les villageois auraient pu y habiter. Mais moi, je me plais mieux chez moi. Avec l'âge, j'ai besoin d'allumer du feu en hiver. Allez chauffer un château ! Et puis, il y a eu trop de malheur à Treadstone.

— Que s'est-il passé ?

— Les Mac Doughany, les propriétaires, n'ont pas eu tellement de chance. Pourtant, ils avaient tout pour être heureux, mais le destin s'est acharné sur eux.

— De quelle manière ?

— Les parents décédés dans un accident, et la fille, Victoria, qui se tue en tombant par la fenêtre d'une tour... Il ne reste plus que Steven.

— Vous le connaissez bien ?

— C'est un garçon honnête et travailleur ; il peut profiter de son château, mais ce dernier est vide ! Auparavant, Steven passait le plus clair de son existence au bureau. De la conscience professionnelle comme ça, vous n'en trouverez plus beaucoup.

— S'entendait-il bien avec sa sœur ?

— Qui ne s'entendait pas bien avec Victoria ? Elle avait toutes les qualités, cette fille-là !

— Et beaucoup de chevaliers servants.
— Ça, vous pouvez le dire, inspecteur !
— Avait-elle choisi un fiancé ?
— Je ne crois pas... Sinon, mon fils me l'aurait dit. Il travaillait comme jardinier au château et n'avait pas les yeux dans sa poche.
— Est-il bavard ?
— À part « bonjour » et « bonsoir », et encore, il n'aimait pas parler avec les autres. Mais, avec moi, ce n'était pas pareil.
— Vous a-t-il fait des confidences sur Steven et Victoria ?
— Victoria, il ne s'en approchait pas ; mon fils avait peur des femmes. Steven, c'était son patron et il le payait correctement, tout en le laissant libre d'agir à sa guise. Mon fils avait un caractère très indépendant, et il savait ce qu'il avait à faire. Je ne l'ai jamais vu énervé, sauf quelques jours avant sa mort, quand il a répété plusieurs fois : « Tu vas voir, ça ira mieux, beaucoup mieux. » Il se trompait, le pauvre.
— Était-il gravement malade ?
— Cœur fragile. Et il refusait de se faire soigner, parce qu'il considérait tous les médecins comme des charlatans.
— Pour vous, ce fut un choc terrible.
— On ne se remet pas de ce genre de catastrophe, inspecteur, même si votre fils disparaît âgé de soixante-dix ans ; c'est aux parents de partir les premiers, pas aux enfants.
— Vous a-t-il parlé de la photo qu'il a prise devant le château, la veille de la mort de Victoria ?
La centenaire parut contrariée.
— Mes souvenirs s'effacent, inspecteur, mais je suis sûre d'une chose : la belle Victoria est décédée le 7 novembre, un jour de congé de mon fils. Et le 6, il n'a pas pu prendre la photo dont vous parlez.

— Pour quelle raison ?
— Parce qu'il ne se trouvait pas à Treadstone.
— Où était-il ?
— En ville, pour acheter des semences et des outils.
Higgins prit des notes sur son carnet noir.
— En êtes-vous tout à fait certaine, madame ?
— Je le jure sur la mémoire de mon défunt mari.
La voix de la centenaire ne tremblait pas.
— Je commence à mélanger certains souvenirs, avoua-t-elle, j'intervertis les mois ou les années, et je confonds les gens. Ce n'est pas bien grave, car la plupart sont sans intérêt.
— Néanmoins, vous maintenez vos affirmations à propos de votre fils ?
— En tout cas, c'est ce que je crois. Si ça ne vous ennuie pas, je vais faire un petit somme ; à mon âge, il faut savoir s'arrêter plusieurs fois par jour.

CHAPITRE XXXIII

Un pâle rayon de soleil éclairait l'allée qui menait au château ; des mésanges jouaient entre les arbres, un lièvre détala à l'approche des hommes du Yard.

— Cette vieille dame est très sympathique, estima Marlow, mais vous ne devriez pas vous emballer, Higgins ; comme elle le reconnaît elle-même, sa mémoire est plutôt incertaine.

— Et qu'en concluez-vous, mon cher Marlow ?

— Que son témoignage n'a aucune valeur.

— Et si elle ne se trompait pas ?

— Eh bien... Quelqu'un aurait forcément menti.

— Quelqu'un... Ou plusieurs personnes ?

Scott Marlow fut troublé.

— Vous imaginez une sorte de... complot ? Mais ça n'a aucun sens ! Vous ne pouvez quand même pas élaborer une théorie aussi complexe à partir d'un témoignage aléatoire.

— Je vous le concède, superintendant ; il ne prendra toute sa valeur que s'il s'accorde avec les autres pièces du puzzle.

Un homme à vélo doubla Higgins et Marlow, freina brusquement et manqua de chuter. Une casquette sur la tête, une veste grise et un pantalon de serge, âgé d'une soixantaine d'années, mal rasé, il ressemblait à un bandit de grand chemin.

— Je dois vous parler, messieurs.

Scott Marlow n'appréciait guère le négligé ; aussi fut-il plutôt agressif.

— D'où sortez-vous ?

— Moi, je suis le garde-champêtre. Comme tout le monde, dans le village, je sais que vous appartenez à Scotland Yard. On dit que vous enquêtez plus ou moins sur un meurtre...

— Qui dit ça ?

— La rumeur, le vent... C'est comme ça que les nouvelles se communiquent, par ici.

— Tiens donc... Et de quel meurtre s'agit-il, d'après vous ?

— Ça, je l'ignore... Mais il y a quelqu'un qui est venu rôder par ici, la nuit dernière, et qui s'est même introduit dans le château. C'est drôle, non ?

— Avez-vous pu identifier le visiteur ? demanda Higgins.

— Pour sûr, malgré toutes ces années ! J'étais jeune, il y a vingt-huit ans, quand j'ai vu ce type pour la dernière fois. Il a changé, mais pas au point d'être méconnaissable.

— Son nom, exigea le superintendant.

Le garde-champêtre serra les freins de son vélo.

— Ben, c'est-à-dire...

— Vous le connaissez, oui ou non ?

— J'ai entendu dire qu'il y avait une prime pour les personnes qui aident la police.

— Dans votre cas, il pourrait s'agir d'un emprisonnement pour complicité de meurtre.

— Bon, bon... Moi, je retourne au boulot.

— Je ne plaisante pas, dit Marlow sèchement ; ou vous parlez, ou je vous arrête.

Le garde-champêtre avala sa salive.

— C'est John Milford, un peintre qui était reçu au château lorsque Mlle Victoria était encore vivante. Pourquoi est-il revenu comme un cambrioleur, dites ? Ce n'est quand même pas normal !

— Êtes-vous certain de ne pas vous tromper ? insista Higgins.

— Certain !

— D'autres visites du même genre auraient-elles eu lieu, ces derniers temps ?

— Non, ça se serait su. Je ne pourrais pas avoir une petite prime, même toute petite ?

— Vous avez fait votre devoir, mon ami ; n'est-ce pas la plus belle récompense ?

Laissant l'employé municipal méditer sur cette belle pensée, Higgins et Marlow continuèrent leur progression vers le château de Treadstone.

— Milford nous aurait-il menti ? s'interrogea Marlow.

— On jurerait que notre enquête déclenche des réactions bizarres, remarqua Higgins.

— Je n'aime pas ça, Higgins, pas du tout ! À croire que nous avons marché dans une fourmilière géante et provoqué une relative panique.

— Et ce n'est peut-être qu'un début.

— Vous attendez-vous à d'autres réactions ?

— Pourquoi pas ?

— Mais nous devons empêcher d'autres meurtres ! Je vais faire immédiatement surveiller les autres témoins.

— Certains risquent de refuser et de porter plainte pour intrusion dans leur vie privée, mais votre démarche est raisonnable.

— Et si l'un d'eux fait du scandale, je croulerai sous les ennuis administratifs ! Tant pis, je n'ai pas le droit de laisser ces personnes sans défense.

Marlow se suspendit au téléphone. Entre l'émission de l'ordre et sa réalisation sur le terrain, s'écoulerait un certain temps rythmé par la rédaction d'un certain nombre de formulaires.

Steven Mac Doughany, assis dans un fauteuil du grand hall, buvait du lait chaud additionné de cannelle et lisait des poèmes de Shakespeare. Quand il aperçut Higgins, il posa avec précaution la superbe reliure sur un guéridon en chêne.

— Agréable journée, n'est-ce pas ? Malgré les attraits du château, inspecteur, je regrette le bureau. Pour la plupart des fonctionnaires, le travail n'est que de la routine ; pour moi, c'était différent. J'avais le sentiment d'être utile, de rendre service à mon pays ; le château était du ressort de Victoria, elle seule pouvait vraiment lui donner vie.

— Avez-vous noté quelque chose d'anormal, monsieur Mac Doughany ?

— Rien, inspecteur ; et il ne manque aucun objet de valeur, me semble-t-il.

— Pendant ces vingt-huit années, n'avez-vous reçu aucune lettre d'un des amis de Victoria, vous demandant l'autorisation de vous rendre visite ?

— Non, je m'en souviendrais.

— Et aucun d'eux n'a tenté de forcer votre porte ?

— Non, inspecteur.

— J'insiste, monsieur Mac Doughany : ne me cachez rien.

— Si un tel incident s'était produit, je vous en informerais. Mais depuis la mort de Victoria, il n'y a eu que le silence, comme si sa disparition les avait fait fuir. Avez-vous pu interroger la mère de Pudgill ?

— Elle a accepté de répondre à nos questions.

— Belle santé pour une centenaire, n'est-ce pas ?

— En effet, même si elle a quelques trous de mémoire et commence à confondre les événements.

— L'avez-vous constaté par vous-même ?

— Non, mais c'est ce qu'elle prétend.

— Elle chante cette chanson-là depuis des années, mais ce n'est que coquetterie ! Malgré son âge, cette chère vieille Mme Pudgill a une mémoire d'éléphant. Vous pouvez prendre tout ce qu'elle dit pour argent comptant.

Higgins ouvrit son carnet noir et ajouta quelques mots à la page sur laquelle il avait noté le témoignage de la centenaire.

Soudain, le regard de Steven Mac Doughany devint fixe, comme s'il contemplait une apparition surgie de l'autre monde.

Higgins se retourna et vit, sur le seuil du grand hall, une femme imposante entièrement vêtue de noir : Raphaëla Kusdick.

CHAPITRE XXXIV

Steven Mac Doughany se leva.

— Je désire vous voir, dit Raphaëla Kusdick.

— Vingt-huit ans après la mort de Victoria... N'est-ce pas un peu tard ?

La belle femme au visage grave soutint le regard du châtelain.

— Pourquoi devrais-je me sentir plus coupable que vous ? Si Victoria est tombée de cette fenêtre, c'est parce qu'elle était seule dans ce maudit château. Vous auriez dû vous occuper davantage d'elle, la conseiller, ne pas accepter qu'elle gâche son existence à restaurer cette vieille bâtisse.

— Et vous, sa meilleure amie, pourquoi ne lui avez-vous pas dit tout ce que vous pensiez ?

— Victoria n'était pas facile à manier, je n'étais pas présente chaque jour au château, comme vous, pour l'orienter sur le bon chemin. S'il y a un responsable de la mort de Victoria, c'est bien vous, Steven !

L'ex-haut fonctionnaire blêmit.

— Pourquoi cherchez-vous à me faire du mal, Raphaëla ?

— Parce que je vous déteste, parce que je vous ai toujours détesté ! Vous êtes un homme froid et desséché, et vous ne méritiez pas d'avoir une sœur comme Victoria. Je n'ai qu'un seul regret : ne pas avoir emmené Victoria avec moi, loin de cet horrible château. Je lui aurais sauvé la vie.

— Aime-t-on vraiment quelqu'un que l'on oublie aussi vite ?

— Ce n'est pas elle que j'ai oubliée, mais vous, Steven ! Je n'avais pas envie de vous plaindre. Et j'avais raison... Combien j'avais raison, si Victoria a été assassinée ! Je ne sais pas comment vous vous y êtes pris, je ne suis même pas sûr que vous soyez coupable, mais j'espère que c'est vous qu'on arrêtera !

— Vous êtes souffrante, Raphaëla ; je crois que les mots dépassent votre pensée.

Raphaëla Kusdick s'assit et ferma les yeux.

— Oui, c'est possible...

— Voulez-vous boire quelque chose ?

— Non, je préfère m'en aller... Je déteste cet endroit. Il n'y a que du malheur.

— Vous êtes injuste, Raphaëla ; je me souviens de vos éclats de rire et de vos discussions animées avec Victoria ; vous n'avez pas toujours été malheureuse, ici.

L'ex-nageuse semblait désorientée.

— Ces moments-là étaient heureux, c'est vrai... Mais pourquoi Victoria a-t-elle été assassinée ?

— C'est pour répondre à cette question que l'inspecteur Higgins mène une enquête approfondie. Et je suis persuadé qu'il aboutira.

Raphaëla Kusdick se tourna vers Higgins.

— Pardon, inspecteur, je ne vous avais pas vu... Je ne sais plus où j'en suis. Ce retour brutal du passé, avec toute l'horreur qu'il implique... Dites-moi que vous vous trompez, inspecteur, dites-moi que Victoria est morte dans un accident, que l'enquête est terminée, que mon amie pourra enfin reposer en paix !

Higgins eut un sourire à la fois grave et apaisant.
— Je n'ai pas le droit de vous mentir, madame.
— Alors, vous continuez...
— J'y suis obligé.
— Ce monde est terrifiant, inspecteur, vraiment terrifiant... Parfois, l'on regrette d'être né. Pardonnez-moi cette intrusion... Je rentre chez moi.
— Êtes-vous venue en voiture ?
— Oui, inspecteur, et je suis en état de conduire.
— Le duc Ornatus vous aurait-il contactée, ces derniers jours ?
Raphaëla Kusdick sembla étonnée.
— Ornatus... Non, inspecteur. Pourquoi aurait-il voulu me revoir ?
— C'est sans importance.
— Vous êtes un homme remarquable, inspecteur, mais je préférerais ne jamais vous avoir rencontré. Après ce drame, j'avais mené une existence paisible, et maintenant, je ne trouve plus le sommeil...
— Pour quelle raison, madame ?
— À cause de Victoria, simplement à cause de Victoria...
Raphaëla Kusdick sortit du salon, à grandes enjambées, comme si elle prenait la fuite.
Steven Mac Doughany paraissait éprouvé.
— J'aurais dû me taire et garder ma peine pour moi-même.
— C'est la vérité que nous recherchons, souligna Higgins, même si elle doit être douloureuse.
— Il faut comprendre Raphaëla, inspecteur ; Victoria était sa meilleure amie, elles s'adoraient. Supposer qu'elle a pu être victime d'un assassin la plonge dans une sorte de désespoir. Je crois que le lait chaud n'est pas un remontant adapté à la situation... Que penseriez-vous d'un authentique whisky écossais ?

La mine inquiète, Scott Marlow fit son apparition.

— Le Yard n'a pas réussi à joindre tout le monde, déclara-t-il avec inquiétude.

— Qui manque à l'appel ?

— Millicent Gyntanil et Albert Vauxhall.

— Bizarre, estima Higgins.

— À quoi vous attendiez-vous ? interrogea Marlow.

— Il faut prendre la réalité comme elle vient, superintendant, et tenter d'en déchiffrer la signification cachée. Comment ont réagi les autres... témoins ?

— Dans l'ensemble, ils ont accepté la protection de la police sans faire trop de vagues, sauf Peggy Tuesday qui a vigoureusement protesté par principe. D'après elle, nous sommes dans un État policier qui opprime les petites gens et favorise l'enrichissement des riches.

— Elle n'a quand même pas renvoyé vos agents !

— Quand ils lui ont appris qu'elle était peut-être en danger de mort, elle n'a pas révisé sa position de principe mais a consenti à se faire protéger.

— Que redoutez-vous, inspecteur ?

— Des meurtres en série.

— Mais quel démon...

— Un démon que vos interrogations ont réveillé et qui va tenter, par tous les moyens, de nous empêcher de trouver les réponses. Avez-vous pris des nouvelles de la santé de Dick Stousnill ?

— Il a ouvert la fenêtre de la chambre et a fait des croquis.

— Ne perdons pas de temps, recommanda Scott Marlow ; fonçons chez Millicent Gyntanil et Albert Vauxhall. J'espère que nous n'y ferons pas de macabres découvertes.

Alors qu'ils sortaient sur le perron, Higgins murmura à l'oreille de Marlow :

— N'oubliez-vous pas un détail, superintendant ?

— La procédure est en marche, je ne vois pas...

— Il faut également faire protéger ce château, où résident Steven Mac Doughany et Dick Stousnill, deux belles proies en perspective.

— Bon sang, Higgins, mais où ai-je la tête ? Cette affaire est tellement bizarre qu'elle perturbe mes facultés de raisonnement. Bon, je m'en occupe tout de suite... Et pendant que j'y suis, je fais surveiller les aéroports, les gares et les postes-frontières. Sait-on jamais... L'assassin a peut-être conçu le projet de quitter l'Angleterre.

Pendant que son collègue s'acquittait de ces tâches urgentes, Higgins fit quelques pas et contempla la fenêtre de la haute tour d'où, vingt-huit années auparavant, Victoria Mac Doughany était tombée, à la rencontre de sa mort.

Une étrange affaire, en vérité. Dans tout processus criminel, l'enquêteur finissait par repérer un type de logique, même s'il découlait de la folie, et il finissait par cerner un ou des mobiles qui entraient dans le cadre de cette logique. Mais ici...

La journée était paisible, les oiseaux chantaient, l'herbe poussait à son rythme, une douce pluie reviendrait bientôt l'humidifier... Pourquoi les êtres humains continuaient-ils à surenchérir sur la mort en tuant leur prochain ?

Higgins songea à Trafalgar qui devait dormir au coin du feu, en rêvant d'un prochain festin et d'une séance de lecture ; ces derniers temps, le siamois manifestait un goût prononcé pour la *Divine Comédie* de Dante. Mais l'ex-inspecteur-chef ne retrouverait le bonheur secret de The Slaughterers qu'après avoir identifié un assassin surgi du passé.

CHAPITRE XXXV

À l'approche de Londres, la vieille Bentley du superintendant avait émis quelques hoquets ressemblant à une quinte de toux. Avec l'âge, elle supportait de moins en moins bien la pollution de la capitale. Courageusement, elle se faufila dans les embouteillages de l'East End, pour parvenir à Fournier Street.

Devant la maison où habitait Millicent Gyntanil, deux policiers en uniforme, grands, raides et dignes.

Scott Marlow se gara en douceur le long du trottoir.

— Veuillez redémarrer, Sir ; le stationnement est momentanément interdit, déclara le plus costaud des agents.

— Je suis le superintendant Marlow.

— Mes excuses, Sir.

— Votre rapport.

— Nous avons téléphoné à plusieurs reprises, frappé à la porte de l'appartement signalé, mais sans succès. Les voisins n'ont pu nous donner aucune indication. Nous n'avons laissé passer aucune personne étrangère à l'immeuble en attendant vos instructions.

— Il faut entrer, estima Scott Marlow ; je vais faire les démarches administratives nécessaires.

— Nous pourrions peut-être gagner du temps, suggéra l'ex-inspecteur-chef.

— Higgins ! Vous n'y pensez pas.

— Vous savez bien que nous ne laisserons aucune trace. Et si nous sauvions une vie ?

— Bon, bon...

La porte de Millicent Gyntanil ne résista pas longtemps à l'instrument d'Higgins. Comme promis, l'ex-inspecteur-chef ne laissa aucune trace de son passage.

Scott Marlow avait la gorge serrée.

— Mademoiselle Gyntanil... Êtes-vous ici ?

Les volets étaient fermés, l'obscurité régnait dans le coquet appartement où, des siècles auparavant, avaient travaillé des tisserands français et huguenots.

Le silence demeura épais.

Le superintendant chercha un interrupteur et fit jaillir la lumière.

Dans l'entrée, un ordre parfait. Une odeur d'encaustique flottait dans l'air.

— Vous devriez prendre les patins, mon cher Marlow ; le parquet a été ciré récemment.

Se pliant aux recommandations d'Higgins, le superintendant progressa jusqu'au salon où Millicent Gyntanil avait reçu les deux policiers.

Rien n'avait bougé. Les fauteuils étaient toujours aussi profonds, le napperon brodé aussi élégant, les abat-jour aussi discrets.

— Elle n'est pas ici... Restent la salle à manger, la salle de bains et la chambre.

Au centre de la salle à manger, une table couverte de plusieurs napperons brodés. Des chaises et une commode Regency mais pas de cadavre.

La gorge de Scott Marlow se serrait de plus en plus. Comme Higgins, il savait que les lieux les plus « sensibles » n'avaient pas encore été explorés.

La chambre était d'une austérité de bon goût. Le lit était fait à la perfection. Sur la table de nuit, un réveil ancien émettait son tic-tac.

— Il y a encore la salle de bains, dit Marlow à voix basse.

La salle de bains... L'un des endroits préférés des maniaques et des sadiques.

La porte, peinte en rose, ne grinça pas.

Les mains moites, Scott Marlow l'ouvrit largement et alluma.

Une douche, un lavabo, un bidet, un séchoir à linge... Le tout dans des teintes de saumon, douces et reposantes.

— Elle a quitté son domicile, conclut Marlow dans un soupir de soulagement.

— Peut-être une brève absence, avança Higgins.

— C'est l'hypothèse la plus probable, en effet ; je laisse mes agents en faction. J'avoue que j'ai eu peur... Mais... Et si l'assassin l'avait enlevée ?

— Il y aurait du désordre dans l'appartement ; Millicent Gyntanil est femme à se défendre.

— Espérons qu'il n'est rien arrivé à Albert Vauxhall.

La vieille Bentley puisa dans ses réserves, contourna un autobus en panne pour s'extraire de l'East End et s'engager résolument en direction de Highgate. Respirant mieux grâce au vent qui balayait Highgate High Street, le vénérable véhicule amena ses occupants à bon port avec une honorable rapidité.

Devant le portail en fer forgé couvert de glycine, deux autres agents en uniforme qui avaient suivi la même procédure que leurs collègues et abouti aux mêmes résultats négatifs.

Marlow consulta Higgins du regard.

— Vous croyez vraiment...

Higgins approuva d'un hochement de tête.

La serrure de la porte d'entrée résista plusieurs minutes. L'ex-agent secret avait pris ses précautions ; si Higgins n'avait pas été équipé d'un excellent matériel, il aurait sans doute échoué.

Les deux hommes entrèrent.

Au bas de l'escalier, le corps d'Albert Vauxhall, inanimé.

— Un instant.

L'ex-inspecteur-chef s'agenouilla pour examiner Albert Vauxhall.

— Il n'est qu'assommé.

Avec ses pouces, Higgins appuya sur deux points précis situés sous le menton ; puis, de l'index, il frotta longuement un autre point au sommet du crâne.

— Une vieille technique orientale, précisa-t-il ; je crois qu'il revient à lui.

De fait, Albert Vauxhall ouvrit les yeux. Le visage allongé reprit des couleurs. De la main droite, l'ex-agent secret tâta ses favoris.

— Où... Où suis-je ?

— Chez vous, en sécurité, répondit Higgins.

— Et vous... vous êtes... l'inspecteur de Scotland Yard...

— Redressez-vous lentement.

Higgins aida Albert Vauxhall à se mettre debout.

— Je voudrais m'asseoir... et boire quelque chose de fort.

Les deux policiers installèrent le blessé dans un fauteuil du grand salon, près des coupes remportées lors de compétitions de golf. Marlow lui servit un whisky bien tassé.

— Ça va beaucoup mieux... Je distingue nettement vos visages. Mais quelle migraine, bon sang...

— Que vous est-il arrivé ? demanda Higgins.

— L'accident le plus stupide qui soit... Je me suis pris les pieds dans le tapis et j'ai dévalé l'escalier. Puis ce fut le vide.

— À quel moment êtes-vous tombé ?

— Je ne sais plus... Ce matin, je crois.

Sur la nuque d'Albert Vauxhall, une superbe bosse témoignait de la violence du choc.

— Avez-vous de la teinture mère d'arnica ?

— Évidemment, inspecteur ; dans mon métier, elle sert souvent à effacer les plaies et les coups.

— Ôtez-moi d'un doute, monsieur Vauxhall : s'agit-il bien d'un accident ?

— Je ne comprends pas...

— Quelqu'un n'a-t-il pas tenté de vous supprimer ?

— Si l'on m'avait assommé, pourquoi n'aurait-on pas fini le travail ? Non, je suis tombé stupidement, voilà tout.

— Il serait prudent de vous examiner.

— Vous plaisantez ? Un charlatan serait capable de m'hospitaliser ! La teinture-mère d'arnica suffira à supprimer cette bosse, en quelques jours. Merci de votre intervention, messieurs ; pour une fois, la police de Sa Majesté aura été efficace.

Alors que la vieille Bentley quittait le quartier de Highgate, Marlow constata que Higgins était contrarié.

— Vous croyez à une mise en scène, n'est-ce pas ?

— Hypothèse difficile à soutenir, mon cher Marlow ; même si nous devons demeurer soupçonneux, il faut bien admettre qu'un accident peut survenir.

— Pourquoi Vauxhall se serait-il adonné à une pareille simulation ? Décidément, cette enquête devient de plus en plus folle !

Le téléphone de voiture sonna, Marlow décrocha.

— Oui, c'est moi... Qu'est-ce que vous racontez ? Vous vous trompez, c'est évident... Non, vous avez vérifié... Qu'est-ce qu'il faut en faire ? Un instant...

Marlow se gara et se tourna vers Higgins.

— On vient d'arrêter Millicent Gyntanil à l'aéroport. Elle partait pour l'Uruguay !

— Qu'on l'amène au château de Treadstone, exigea Higgins.

CHAPITRE XXXVI

Scott Marlow eut l'impression de se trouver dans une cage remplie de fauves prêts à s'entre-déchirer. Conformément au vœu émis par Higgins, il avait sommé les protagonistes de cette curieuse enquête de venir au château de Treadstone.

À l'instigation de l'ex-inspecteur-chef, ils avaient été rassemblés dans le salon de musique où trônait le clavecin de Victoria. Steven Mac Doughany, très strict dans son costume noir à rayures, se tenait près d'une haute fenêtre donnant sur le parc ; dehors, une brume légère rendait la campagne irréelle. Assis dans le même canapé, mais loin l'un de l'autre, John Milford, le peintre animalier aux cheveux en brosse, et Dick Stousnill, le restaurateur de meubles anciens, voûté et nerveux. Assise sur un tabouret de piano, très raide, l'élégante Millicent Gyntanill levait les yeux vers le plafond, comme si elle n'était pas concernée par la situation. À sa droite, bien calé dans un fauteuil, Albert Vauxhall ; à sa gauche, mal à l'aise, Raphaëla Kusdick. Derrière le clavecin, un peu à l'écart, assise du bout des fesses, Peggy Tuesday, vêtue d'une robe rouge agressif.

— C'est un abus de pouvoir, déclara cette dernière ; vous n'avez aucune raison de nous retenir ici !

— Je crains que si, mademoiselle : il s'agit de deux meurtres.

John Milford fut piqué au vif.

— C'est... C'est insensé !

— Deux meurtres, précisa Higgins : celui de Victoria Mac Doughany, il y a vingt-huit ans, et celui d'Ornatus, duc de Paston et de Naswater, il y a trente-six heures environ. Qui, parmi vous, a un alibi solide à me fournir pour ce moment-là ?

Scott Marlow, qui se trouvait près de la porte du salon de musique, scruta l'assemblée. Personne ne se manifesta.

— J'en conclus donc, reprit Higgins, que vous étiez tous chez vous, seuls et sans témoin, à l'heure de la mort du duc Ornatus.

— Je n'ai strictement rien à me reprocher, intervint Millicent Gyntanil d'une voix sèche, et j'exige d'être libérée.

— Pourquoi avez-vous tenté de vous enfuir ? questionna Higgins.

— M'enfuir ? Mais vous n'y êtes pas du tout ! Je partais pour l'Uruguay où j'avais l'intention de séjourner quelques semaines. Vous l'ignorez, mais il y a là-bas de remarquables poètes qui écrivent en langue française. J'ai l'intention de réunir les meilleures œuvres et de les proposer à un éditeur. Est-ce un crime ?

Higgins sourit.

— Vous auriez dû prévenir Scotland Yard.

— Je mène ma vie comme je l'entends.

— Ce n'est pas le cas de Victoria, hélas ! Tous ici, vous étiez ses proches et ses amis ; tous, vous l'aimiez. Belle, intelligente, dotée de toutes les qualités, fascinante, elle déclenchait les passions.

Tous... Je me trompe. Une seule personne, ici, détestait Victoria Mac Doughany.

Peggy Tuesday se leva, furibonde.

— Oui, c'est moi, et alors ?

— Deux meurtres... Vous aviez la force suffisante pour les accomplir.

Stupéfaite, Peggy Tuesday recula.

— Vous... Vous plaisantez !

— J'ai sérieusement envisagé votre culpabilité, mademoiselle ; plusieurs témoignages m'ont amené à m'interroger sur la nature exacte de vos relations avec Victoria. Mlle Gyntanil, méfiante, avait même demandé à son élève de se séparer de vous. Ce château, ce milieu, cette femme trop chanceuse et trop brillante attisaient votre haine et votre envie, cette maladie de l'âme que les anciens Égyptiens considéraient comme mortelle, si je ne m'abuse.

Un rictus déforma le visage courroucé de l'infirmière.

— Une explication aurait pu être satisfaisante, reprit Higgins : vous exerciez un chantage sur la personne de Victoria Mac Doughany.

— Moi... Un chantage... Vous racontez n'importe quoi !

— Je pense que M. Vauxhall a découvert la vérité : c'était Victoria qui se montrait charitable en faisant appel à vous et en vous payant grassement. Vous auriez pu, au moins, vous montrer reconnaissante.

— Je vous...

Le regard de Higgins dissuada Peggy Tuesday de protester davantage ; elle retourna s'asseoir à l'écart.

Higgins fit quelques pas dans le salon.

— Le duc Ornatus pouvait-il être l'assassin de Victoria, cette femme dont il était éperdument amoureux ? Aristocrate ruiné et alcoolique, certes, mais confiant en son avenir. Avait-il été vexé parce que Victoria ne cédait pas, vexé au point d'assassiner sa future épouse ? Invraisemblable. Seul Albert Vauxhall considérait le duc Ornatus coupable de tuer s'il était mécontent mais, sur ce point, il se trompait. Et j'ai abouti à une conclusion : c'est le même assassin qui, à vingt-huit années de distance, a supprimé Victoria et le duc Ornatus.

La déclaration de l'ex-inspecteur-chef alourdit l'atmosphère. Aucune protestation ne s'éleva.

Higgins se dirigea vers Steven Mac Doughany.

— Les personnes présentes ont plutôt une bonne impression de vous, dit l'ex-inspecteur-chef, bien qu'elles vous trouvent trop attaché à votre travail et dépourvu de toute fantaisie. De la rigueur, le respect des valeurs traditionnelles, un personnage sans tache... Mais pourquoi pas l'assassin de sa sœur ?

— Inspecteur... Mais pourquoi...

— Par intérêt, pour jouir seul de la fortune familiale et de ce château : voilà le seul mobile plausible pour expliquer votre geste.

Le châtelain demeura muet.

— Simple hypothèse d'école, mais qui devait être évoquée. Vous ne correspondez vraiment pas au type d'individu suffisamment cupide pour mettre fin à l'existence d'une sœur respectée. Je ne pouvais pas vous écarter de la liste des suspects, monsieur Mac Doughany, mais vous aimiez sincèrement votre sœur.

Higgins se déplaça jusqu'à Millicent Gyntanil, laquelle se raidit un peu plus.

— Ne vous êtes-vous pas enfuie parce que vous êtes une criminelle, mademoiselle ?

CHAPITRE XXXVII

Le professeur de français fit front.

— Je ne vous permets pas, inspecteur ! Si vous continuez sur ce ton, je sors d'ici.

— Restez avec nous, je vous prie ; et surtout, éclairez-nous sur un point précis : que cherchiez-vous exactement auprès de Victoria ?

— Cette question n'a aucun sens. L'amitié ne vous suffit-elle pas ?

— Elle ne suffit pas à un certain nombre d'observateurs qui ne croient guère à votre sincérité.

— Je me moque des méchantes langues !

L'énergie de la vieille demoiselle fascina Scott Marlow ; il la sentit capable de résister à bien des tempêtes.

— Une fois encore, Albert Vauxhall a fait preuve d'une belle perspicacité : ce n'étaient pas seulement les discussions littéraires avec votre ancienne élève qui vous amusaient, mais les stratégies de ses chevaliers servants.

— Oh, inspecteur !

— Je ne vous le reproche pas, d'autant plus que ce penchant vous innocente : vous n'auriez pas supprimé la femme qui vous procurait autant de petits plaisirs. Mais n'avez-vous pas écrit au duc Ornatus pour lui annoncer votre visite ?

— Bien sûr que non !

Pensif, Higgins consulta ses notes, se retourna et s'adressa à Raphaëla Kusdick dont la beauté accomplie demeurait un ravissement.

— Vous êtes une femme plus simple et plus directe que beaucoup ne le supposent, madame ; douter de votre profonde amitié pour Victoria serait une erreur. Pourtant, on vous a calomniée et attaquée, surtout les femmes qui vous connaissaient.

Millicent Gyntanil évita de croiser le regard de l'ex-championne de natation.

— Pourquoi avez-vous revu Peggy Tuesday ? interrogea Higgins.

Raphaëla Kusdick sembla gênée.

— Eh bien, je ne me souviens plus...

— Est-ce honteux de prêter de l'argent à qui vous en demande ?

— Non, mais Peggy Tuesday n'a jamais cessé de quémander ! Victoria et moi étions ses vaches à lait, si vous me passez l'expression.

L'infirmière ne protesta pas.

— Il est un aspect plus inquiétant de votre personnalité, madame Kusdick, reprit Higgins. Vous avez l'esprit de compétition, et votre amie Victoria vous était souvent supérieure dans un certain nombre de domaines. N'en avez-vous pas conçu de l'amertume et de la jalousie ?

— Elle m'a surtout donné envie de me dépasser et de faire mieux ! Victoria me stimulait. Après sa mort, j'ai perdu le goût de vaincre.

— N'avez-vous pas eu envie de supprimer Victoria qui vous humiliait ?

Raphaëla Kusdick eut un pauvre sourire.

— Oh, non, inspecteur ! Avoir un adversaire de cette taille-là est une chance telle qu'on a envie de la préserver... Et puis la compétition, entre nous, n'était qu'un jeu, un aspect de l'amitié profonde qui nous unissait. Il y avait les colères et les affrontements, et puis les rires, la joie d'être jeunes et passionnées.

— Pourquoi tant de reproches cruels à l'égard de M. Mac Doughany ?

— Par désespoir. Il fallait bien que je trouve un bouc-émissaire.

Higgins contourna le clavecin et s'arrêta devant Dick Stousnill, mal à l'aise.

— Mlle Tuesday vous a accusé de vouloir voler les plus beaux meubles du château, dit l'ex-inspecteur-chef sans hausser le ton ; ne serait-il pas temps d'avouer ?

L'artisan se leva, livide.

— C'est... C'est une abomination ! J'admire certaines merveilles qui sont ici, c'est vrai, mais je n'ai jamais songé à me les approprier ! Pour les contempler et passer des heures devant elles, je n'hésiterais pas à m'introduire dans le château sans que personne ne le sache, mais rien de plus !

— Vous manque-t-il un meuble, monsieur Mac Doughany ?

— Non, inspecteur.

Higgins délaissa le malheureux Stousnill qui, soulagé, se rassit lentement.

Higgins s'adressa à Albert Vauxhall.

— Votre cas est plus complexe. D'après Raphaëla Kusdick, vous étiez le favori des prétendants, mais un concurrent pouvait vous gêner : le duc Ornatus. Or, tuer ne vous effraie pas, et plusieurs personnes, ici, vous en jugent capable. Victoria ayant refusé votre demande en mariage, vous vous êtes vengé en la supprimant. Et parce que le duc Ornatus connaissait la vérité, vous avez été contraint de vous débarrasser de lui. Pourquoi

Victoria vous repoussait-elle ? Parce que vous n'en vouliez qu'à son argent.

— Un triste roman noir, inspecteur, et une reconstitution bien injurieuse à mon égard !

De la main droite, l'agent secret maintenait un tampon d'arnica sur sa bosse.

— Niez-vous les faits ?

— En bloc ! Ni l'argent ni le château ne m'intéressaient ; ce que je souhaitais, c'était épouser Victoria et l'entraîner dans une existence aventureuse où elle se serait épanouie. Quant à ce pauvre duc, il était à jamais enfermé dans sa folie. Je n'étais peut-être pas le personnage le plus recommandable, c'est certain... Victoria a sans doute eu raison de ne pas me céder.

Scott Marlow, qui croyait à la culpabilité de Vauxhall, pensait que Higgins allait lui asséner plusieurs coups imparables. Mais l'ex-inspecteur-chef n'insista pas, et retourna vers le canapé où était assis John Milford.

Très nerveux, le peintre animalier ne cessait de croiser et décroiser ses jambes.

— Vous étiez sincèrement amoureux de Victoria, monsieur Milford et, d'après son frère, vous aviez une bonne chance de devenir son mari, bien que plusieurs témoins vous aient jugé incapable de la rendre heureuse. Mme Kusdick était même votre adversaire acharnée et Albert Vauxhall, votre concurrent le plus direct, était bien décidé à vous écarter. En revanche, le duc Ornatus ne vous considérait pas comme dangereux et ne nourrissait aucune animosité à votre égard.

— Je n'ai pas tué Victoria, affirma le peintre. Je l'aimais et je l'aime encore.

— Pourquoi êtes-vous revenu au château, en cachette ?

— Je... C'est faux.

— Ne mentez pas, monsieur Milford.

— C'est mon secret.

— Victoria est le seul humain dont vous ayez fait le portrait, n'est-ce pas ? Notre enquête a éveillé en vous bien des souvenirs. Ce portrait, vous avez voulu le posséder pour pouvoir contempler celle que vous n'aviez jamais oubliée et que personne n'a su remplacer. Vous vous êtes introduit au château pour dérober ce portrait que vous considériez comme votre propriété.

Le peintre animalier leva vers Higgins des yeux remplis de larmes.

— Inspecteur...

— Je vous écoute, monsieur Milford, dit Higgins d'une voix de confesseur.

— Oui, c'est vrai, je voulais la revoir et ne plus la quitter.

— Avez-vous récupéré ce portrait que vous aviez peint ?

— Non, inspecteur. Il n'était plus dans la petite pièce où je l'avais laissé. J'en ai exploré quelques autres, puis j'ai pris peur et je me suis enfui. Jamais je ne reverrai Victoria, jamais... Et j'ai lamentablement tenté de piéger Stousnill par un coup de téléphone.

Scott Marlow était consterné. En réalité, Higgins ne disposait d'aucune preuve permettant d'identifier un ou plusieurs criminels.

Aucun des suspects n'avait cédé.

L'ex-inspecteur-chef contourna une nouvelle fois le clavecin et regarda le châtelain.

— Pour progresser vers la vérité, l'aide de Steven Mac Doughany est indispensable. Lui seul peut nous éclairer sur certains détails obscurs qui nous conduiront à l'assassin.

CHAPITRE XXXVIII

Steven Mac Doughany demeura sans réaction. Très maître de lui, froid et distant, il paraissait dépourvu d'émotion.

— Je suis à votre disposition, inspecteur.

Un bruit de moteur troubla l'atmosphère pesante du salon de musique.

— C'est le complément d'information que nous attendions, superintendant.

Scott Marlow sortit du salon pour aller à la rencontre du motard de Scotland Yard qui lui remit le document demandé par Higgins, un bulletin météorologique correspondant à la journée du 7 novembre, vingt-huit années plus tôt.

Le superintendant le donna à son collègue qui le lut lentement. Steven Mac Doughany était demeuré immobile.

— Étant donné le caractère très particulier de cette affaire, dit Higgins avec gravité, j'avais d'abord pensé à lui offrir une conclusion en m'adressant à vous seul à seul, monsieur Mac Doughany ; mais il y a eu la mort du duc Ornatus, et toutes les personnes présentes ont le droit de connaître la vérité.

Higgins consulta son carnet noir.

— Raphaëla Kusdick s'est souvenue de l'existence d'une petite pièce à restaurer dans laquelle elle avait momentanément renoncé à pénétrer en raison de la perte de la clé. Étant donné l'ampleur de son travail, Victoria avait oublié l'incident ; il serait bien temps, plus tard, de s'occuper de cette pièce-là.

— C'est exactement ce qu'elle m'a dit, confirma Steven Mac Doughany.

— Je suis entré dans cette pièce avec Dick Stousnill, rappela Higgins ; il a remarqué qu'un superbe meuble avait été abîmé par les rayons du soleil, alors que les volets de cette pièce abandonnée n'étaient jamais ouverts. C'est un des détails qui m'a mis sur le chemin de la vérité. J'ai constaté, par moi-même, que les volets grinçaient à peine ; donc, quelqu'un continuait à les ouvrir régulièrement. Il y a vingt-huit ans, comment expliquer l'état de détérioration du meuble en merisier, puisque le soleil ne le frappait pas ? S'il ne s'agissait pas de l'astre du jour, la coupable était donc le soleil de la nuit, la lune, dont la lumière nuit également au merisier. Quelqu'un venait donc dans cette pièce la nuit, ouvrait les volets et regardait... Regardait quoi ou qui ? La chambre de Victoria. Cette pièce, en effet, était un excellent poste d'observation pour surprendre, à son insu, la jeune femme dans son intimité. Et qui se rendait coupable de cette indiscrétion, qui a continué à agir de même comme si Victoria était toujours vivante, sinon vous-même, monsieur Mac Doughany, qui était l'unique occupant du château avec votre sœur ? Je suis persuadé que la clé se trouve dans votre poche et qu'elle ne vous quitte jamais.

— Exact, inspecteur.

Très choqué, Marlow espérait que Higgins allait rapidement quitter ce terrain plutôt scandaleux et revenir au crime.

— Dick Stousnill a émis un jugement très pertinent sur Victoria, rappela Higgins : « Elle apparaissait comme une femme inaccessible qui ne pouvait se comporter comme les autres » ; et John Milford a ajouté, à propos des relations entre Steven Mac Doughany et sa sœur : « Quand on possède un trésor, il est normal d'avoir envie de le conserver. » Autre détail étrange : dans ce vaste château, pas une seule photographie de Victoria, pas un seul portrait d'elle. Si, il y en avait un : celui qu'avait peint John Milford. Mais vous l'avez détruit, monsieur Mac Doughany.

— Exact, inspecteur.

— Vous l'avez détruit, parce que vous ne vouliez aucune image extérieure de votre sœur qui aurait pu être dérobée par le regard d'autrui. Votre sœur n'appartenait qu'à vous, et vous seul gardiez sa beauté au tréfond de vous-même. Vous aimiez passionnément votre sœur, bien au-delà des sentiments fraternels, et elle en fut troublée au point de refuser de se marier, et même de céder aux avances de ses prétendants. Mais le jour vint où elle vous annonça sa décision de sortir de cette situation trouble, décision qui lui coûtait beaucoup, car elle la contraindrait à quitter le château et à interrompre la restauration à laquelle elle s'adonnait avec ferveur. Que Victoria succombe à un autre homme, quel qu'il soit, vous était insupportable. Alors, vous l'avez assassinée et vous avez maquillé ce crime en accident.

— Et comment m'y suis-je pris ?

— En mettant un peu de désordre dans vos archives, vous avez fait croire à vos collaborateurs qu'un cambriolage avait eu lieu. Comme il se devait, vous êtes allé au commissariat faire votre déposition. En réalité, un texte écrit par vous mais remis à la police par quelqu'un d'autre, que vous avez payé. Pendant ce temps, vous êtes retourné au château pour y assassiner votre sœur. Après quoi, vous êtes revenu tranquillement à votre bureau.

— Je n'en avais pas le temps, inspecteur. La distance...

— La distance à parcourir ne varie pas, mais le temps nécessaire est, lui, fort différent selon les moments de la journée. Le matin, il y a les embouteillages ; à l'heure du déjeuner, la route est libre. De plus, selon le bulletin météo de ce jour-là, il a bien plu, comme vous me l'avez indiqué, mais uniquement pendant les premières heures de la matinée. Ensuite, un vent violent a soufflé. À midi, la chaussée était sèche et vous avez pu rouler rapidement. Avec beaucoup d'habileté, vous avez fait semblant d'oublier ce fameux cambriolage, comme si votre mémoire était prise en défaut. Votre alibi était ainsi imparfait, vos hésitations troublantes, comme ce doit être le cas dans la plupart des témoignages. Mais vous avez pris soin de me montrer votre journal intime, dont les notes vous blanchissaient. C'est l'une des manipulations les plus astucieuses que j'ai eu la chance d'analyser.

— Merci, inspecteur.

Scott Marlow, qui s'attendait à de vigoureuses protestations de la part de Steven Mac Doughany, fut stupéfait par son attitude.

— De plus, poursuivit Higgins, vous avez signé votre crime. Raphaëla Kusdick m'a rappelé un fait majeur : quand elle a annoncé son mariage avec un banquier, Victoria lui a dit : « J'espère que ton mari ne te fera pas pleurer les larmes de Job ». Mme Kusdick a pensé, bien entendu, à la faillite éventuelle de son mari et à ses lamentations, comme

Job, ruiné sur son fumier. Mais Victoria parlait d'autres « larmes de Job », ces fruits exotiques semblables à des perles, et que l'on utilise pour la confection de chapelets. Un chapelet que j'ai retrouvé dans la poche du chemisier de Victoria qui, selon tous les témoignages, n'était pas croyante. C'est vous qui la menaciez de lui faire pleurer ces larmes-là, c'est vous qui avez déposé cet objet dans la poche de son chemisier que vous conserviez comme une relique.

— Encore exact, inspecteur.

Higgins tourna une page de son carnet noir.

— Venons-en à cette fameuse photographie que vous m'avez poussé à découvrir dans votre château pour établir une liste de suspects. Ce n'est pas Pudgill le jardinier qui l'a prise, puisqu'il se trouvait à Londres, sans doute habillé avec l'un de vos costumes, pour déposer votre déclaration au commissariat pendant que vous-même, déguisé en jardinier, fixiez pour la postérité le cercle d'amis et de chevaliers servants de votre sœur. Comme Victoria s'amusait beaucoup, j'en conclus que vous avez agi avec sa complicité. Elle croyait à une simple plaisanterie dont elle révèlerait plus tard la teneur ; de votre côté, vous teniez à conserver le visage de ceux et de celles qui tentaient de vous voler Victoria et qui ne la reverraient plus jamais.

— Remarquable, monsieur Higgins.

— Pudgill a mis beaucoup de temps à comprendre que vous étiez un assassin. Le doute s'est emparé de lui, et vous l'avez probablement supprimé parce qu'il tentait de vous faire chanter. N'avait-il pas dit à sa mère : « Ça ira mieux, beaucoup mieux », en songeant à une amélioration de ses finances ?

— Pudgill souffrait du cœur et absorbait des médicaments dangereux. Je n'ai précipité son accession à l'enfer que de quelques mois.

— Là encore, vous avez tenté de vous dédouaner d'une manière inattendue ; non seulement vous n'avez pas caché l'existence de Pudgill, mais encore avez-vous souligné l'excellence de la mémoire de sa mère centenaire, en me demandant de prendre ce qu'elle disait pour argent comptant. Vous me mettiez ainsi sur la bonne piste.

— Vous auriez dû penser que j'étais un peu trop voyant et qu'il fallait aller chercher ailleurs, en raison de ma sincérité.

— Et puis, continua Higgins, vous avez décidé d'entreprendre une croisade : éliminer les hommes qui avaient aimé Victoria et qui espéraient vraiment l'épouser. Le plus dangereux à vos yeux, était le duc Ornatus, car il l'attendait toujours, au-delà de la mort physique. Vous l'avez prévenu, en lui envoyant une lettre signée « Millicent Gyntanil », mais qui comportait une faute d'orthographe. Vous accordiez une dernière chance au duc, n'est-ce pas ?

— Exactement.

— Même procédé avec John Milford, cette fois sous forme de plusieurs lettres anonymes qui lui annonçaient l'application d'une justice, la vôtre. Vous vous apprêtiez donc à le supprimer, lui aussi ?

— Oui, de même qu'Albert Vauxhall et Dick Stousnill.

— Pourquoi cet acharnement ?

— Parce que j'avais enfin compris que le temps n'effaçait rien. Vingt-huit ans après, ils étaient toujours amoureux de Victoria. Pas plus que moi, ils ne parviendraient à l'oublier et continueraient à me voler son âme.

— En venant vous-même me demander d'enquêter sur la mort de votre sœur, vous vous êtes dénoncé.

— Pas tout à fait, inspecteur : je me suis donné une chance. Plus les années passaient, plus le remords m'étouffait. Je ne parvenais même plus à dormir, tant le visage de Victoria m'obsédait. Alors, j'ai voulu soit être innocenté, soit être puni pour le crime que j'avais commis. Et j'ai songé à vous : si vous passiez à côté de la vérité, je me serais senti libéré de ma faute. Mais il me fallait aussi punir les charognards à cause desquels j'avais été obligé de tuer ma propre sœur, la femme que j'aimais. N'est-ce pas rendre une vraie justice ?

Raphaëla Kusdick s'évanouit. Dick Stousnill et John Milford se précipitèrent pour l'empêcher de tomber ; Millicent Gyntanil apporta un verre d'eau pour humecter les lèvres et le front de la malheureuse qui revint rapidement à elle.

L'assassin de Victoria, de Pudgill et du duc Ornatus assista à la scène sans s'émouvoir.

— Je n'ai qu'un souhait, confia-t-il à Higgins : que la mort vienne au plus vite apaiser mes tourments. C'est pourquoi je plaiderai la culpabilité avec préméditation. Si les juges me laissent vivre, ce seront les plus inhumains des hommes.

ÉPILOGUE

Higgins ferma la grille du domaine de Treadstone. Quelqu'un habiterait-il un jour ce château dont l'une des fenêtres avait été le témoin d'un crime ? Peut-être valait-il mieux que ces vieilles pierres conservassent le souvenir d'une merveilleuse jeune femme qui leur avait offert le meilleur d'elle-même, avec le désir de créer de la beauté et de l'harmonie.

Le moteur de la Bentley de Scott Marlow ronronnait ; véhiculer Higgins était, pour elle, le plaisir suprême.

— Steven Mac Doughany n'avait aucune chance, estima le superintendant ; en s'adressant à vous, il se passait la corde au cou.

— Je ne le crois pas, mon cher Marlow ; certes, je l'ai soupçonné dès la première seconde, mais il l'avait prévu. En m'orientant vers les bons indices, il espérait m'aveugler, m'orienter vers des pistes plus complexes. Vous comme moi avons failli nous égarer, parce que le chemin était trop simple, trop direct.

— J'ai tout de même l'impression que ce sinistre personnage croulait sous le poids de sa faute et qu'il espérait son arrestation.

— Dans quel monde évoluait-il depuis vingt-huit ans ? Nous aurons au moins servi à sauver la vie de quelques amoureux inconsolables.

Une brume épaisse recouvrit le château de Treadstone, le faisant disparaître au regard.

Higgins hésitait à s'asseoir dans la Bentley.

— Que se passe-t-il ? s'inquiéta Scott Marlow.

— Rien de grave, superintendant.

— Nous y allons ?

— Bien sûr.

Comment Higgins aurait-il pu avouer qu'il était inconsolable de n'avoir pas connu Victoria ?

Impression réalisée sur CAMERON
par BRODARD ET TAUPIN
La Flèche

pour le compte des Éditions du Rocher
en avril 1997

Imprimé en France
Dépôt légal : avril 1997
N° d'impression : 6830R-5